TOBIAS WICHMANN

Restaurieren alter Bauernmöbel

Eine praktische Anleitung

CALLWEY

CIP-Titelaufnahme der Deutschen Bibliothek
Wichmann, Tobias:
Restaurieren alter Bauernmöbel: eine praktische Anleitung/
Tobias Wichmann. – München: Callwey, 1989
ISBN 3-7667-0921-6

© 1989 by Verlag Georg D. W. Callwey, München
Alle Rechte vorbehalten, auch die des auszugsweisen
Abdruckes, der photomechanischen Wiedergabe
und der Übersetzung
Schutzumschlag   Baur + Belli Design, München
Lithos   e + r Repro, Donauwörth und
Fotolito Longo, Frangart/Bozen
Gesamtherstellung   Kösel, Kempten
Printed in Germany 1989
ISBN 3-7667-0921-6

INHALT

BAUERNMÖBEL: EIN KURZER GESCHICHTLICHER ABRISS	7
GRUNDSÄTZLICHES ÜBER DAS RESTAURIEREN VON KUNSTGEGENSTÄNDEN	11
DER WERKSTOFF HOLZ	12
Die Konstruktion	12
Die Lagerung	15
Die Materialauswahl	15
Der Zustand des zu restaurierenden Gegenstandes	15
Die Werkzeuge zur Holzbearbeitung	16
Der Leim	22
DIE FARBE	25
Die Pigmente	25
Die Binder	27
Die Gründe	28
Die Werkzeuge zur Bemalung, Fassung und Vergoldung	31
Die Lacke und Wachse	31
Die Beschläge und Schlösser	35
Restaurieren von Fehlstellen	36
BEISPIELE	38
KOMMODE	38
Konstruktion	38
Befund des Holzes	42
Schlösser und Beschläge	48
Restaurierung des Holzes	48
Befund der Farbe	71
Restaurierung der Farbe	71
SCHRANK	78
Konstruktion	78
Befund des Holzes	85
Schloß und Beschläge	87
Restaurierung des Holzes	90
Befund der Farbe	95
Restaurierung der Farbe	96
DIE RESTAURIERUNG UND PFLEGE VON NATURHOLZMÖBELN	103
ANHANG	109
Glossar	109
Literaturhinweise	117
Bildnachweis	117

*1 Schablonenmalerei auf der Türe einer Küchenanrichte aus dem Unterelsaß, 1787
Straßburg, Musée Alsacien*

*2 Blankholzmalerei auf einem zweitürigen Schrank aus der Gegend von Fürstenzell, um 1600
Privatbesitz*

BAUERNMÖBEL:
EIN KURZER GESCHICHTLICHER ABRISS
(Abb. 1–6)

Bauernmöbel von gestern und vorgestern aus dem ländlichen Raum werden heute als Antiquitäten bezeichnet und gehandelt. Früher waren sie Gebrauchsgegenstände. Sie dienten der Aufbewahrung von Kleidung, Wäsche, Dokumenten und Hausrat.

Zu Anfang des 16. Jahrhunderts wurden auf dem Lande – vor allem im süddeutschen Raum und im westlichen Österreich mit Südtirol – die ersten »bäuerlichen Möbel« hergestellt, und um 1800 erreichte die Volkskunst ihren handwerklichen Höhepunkt.

Zum bemalten Möbel gesellten sich nach und nach das Hinterglasbild, die Hafnerware, Arbeitszeug und die Tracht.

Wichtige Kulturträger jener Zeit waren die Kirche und die Adelsgeschlechter. Beide unterhielten vielfach Werkstätten, in denen hochqualifizierte Künstler beschäftigt waren und auch ausgebildet wurden; denn kunstvolle Gegenstände waren Prestigeobjekte, mit ihnen konnte man seinen Reichtum und seine Macht nach Außen repräsentieren. Die Werkstätten waren auch im Besitz von visuell bildendem Anschauungsmaterial, wie Schablonen, Musterbüchern, Kupferstichen, Skizzen und einem traditionell weitergegebenen handwerklichen und künstlerischen Wissen.

Die Möbel, die in diesen Werkstätten aus massiven Edelhölzern oder aus Fichte mit Edelholzintarsien – oft mit Gold und Malereien geschmückt – hergestellt wurden, weckten bei der ländlichen Bevölkerung den Wunsch, die eigenen persönlichen Gegenstände auch in solch schönen Möbeln verwahren zu können. Bis zu dieser Zeit, bevor Möbel (lat. mobilis = beweglich) in Gebrauch kamen, waren die Dinge des täglichen Lebens oft nur in Nischen mit einer Tür davor, auf Borden oder am Haken an der Wand untergebracht.

Die ersten ländlichen Möbel wurden nicht von Schreinern im heutigen Sinne hergestellt, sondern von einer Berufsgilde, die von den Zünften als Landmeister bezeichnet wurde. Diese stellten alle auf dem Lande benötigten Holzgegenstände her, vom Hausdach bis zu alltäglichen Gebrauchsgütern. Im Winter, wenn ein Arbeiten im Freien nicht möglich war, begann man mit dem Bau von Möbeln. Teilweise kann man den Zimmermann schon an der Konstruktion der Holzverbindungen erkennen, z. B. bei den Stollentruhen. Dieser Prozeß kann als erster Entwicklungsschritt der volkstümlichen Möbelkunst angesehen werden.

Langsam trat eine Spezialisierung ein: das Kistlerhandwerk entstand. Die Eckverbindungen der Truhen, die im 16. Jahrhundert noch in Stollenbauweise gefertigt wurden, fanden nun in der Verzinkung der Ecken ihre Ausführung. Dadurch ließen sich Möbel in größeren Ausmaßen und Proportionen herstellen. Die Anwendung der Schablone und die Nachahmung bürgerlicher Handwerkstechniken war eine weitere wichtige Entwicklungsstufe.

Schablonen für Konstruktion und Dekor verbreiteten sich aber dennoch langsam, weil sie wie auch die Technik der Ausführung von den einzelnen Werkstätten als Kapital gehütet wurden. Deshalb findet man manchmal an bäuerlichen Möbeln zur Barockzeit weiterhin Renaissance- und zur Biedermeierzeit noch Barockornamente. Oft werden Ornamente und Dekor vom Landmeister oder Kistler auch falsch interpretiert und neu ausgelegt. Dreidimensionales wird zweidimensional, und die figürlichen Darstellungen lassen die in der Malerei nicht ausgebildete Hand erkennen. Ab und zu werden in die Füllungen von Schränken und Truhen auch Kupferstiche geklebt, die man kolorierte und dann durch Farbe mit dem übrigen Möbel verband. Die Landschreiner wurden durch steigende Qualifizierung zu einer wirklichen Konkurrenz für die Stadtschreiner.

Die bis jetzt übliche Blankholzmalerei, meist unter Verwendung der Schablone hergestellt, wird von der Technik des farbig grundierten und frei bemalten Möbels des 18. und 19. Jahrhunderts abgelöst. Die Grundierung, also die vollständige Bedeckung des Holzes mit einer Grundfarbe vor der eigentlichen Bemalung, die um die Mitte des 17. Jahrhunderts einsetzt, war ein überaus bedeutsamer Schritt in der Entwicklung der Möbelmalerei. Dadurch war es auch möglich, billigeres und so auch weniger gutes Holz zu verwenden. Fehlstellen konnten zugespachtelt und häßliche Verfärbungen, wie z. B. durch Blaufäule, konnten durch die Grundierung überdeckt werden. Gleichzeitig wird die Farbauswahl wesentlich reichhaltiger. Dennoch bleibt die Blankholzmalerei daneben noch einige Zeit erhalten.

In der zweiten Hälfte des 18. Jahrhunderts nimmt die Möbelgestaltung auf dem Lande an Reichtum, Zier und Farbigkeit stark zu und er-

3 Schrank aus dem Landkreis Bad Tölz/Wolfratshausen, 1835 Landshut, Stadt- und Kreismuseum

reicht, wie oben erwähnt, ihren Höhepunkt. Als Triebkräfte bei der Entwicklung der Möbelmalerei zu ihrer Hochblüte sind dabei bäuerliches Selbstbewußtsein und ländliches Repräsentationsbedürfnis nicht zu unterschätzen; so kristallisieren sich auch immer mehr die regionalen Unterschiede heraus. Charakteristisch für die Tölzer Malerei ist zum Beispiel eine bestimmte Art der Rose, im Inntal hingegen findet man das dort typische weiße Rankendekor. Regional übergreifend, rücken motivisch vor allem religiöse Heiligendarstellungen in den Mittelpunkt – und ganz allgemein der Mensch.

Um die Wende vom 18. zum 19. Jahrhundert treten vereinzelt Möbelbemalungen auf, die von professionellen Kirchenmalern geschaffen wurden, welche die Technik des Freskos, der Marmorierung usw. beherrschten. Dies sieht man z. B. deutlich an Möbeln aus dem Inntal oder dem Mangfallgau. Im Mittelpunkt der bäuerlichen Möbelbemalung stand immer der Schrank, das Bett und die Truhe. Natürlich findet sich auch an anderen Objekten bäuerliche Malerei, z. B. an Wiegen,

4 Schrank mit Rankendekor und Bandelwerk aus dem Inntal, 1795 Rosenheim, Heimatmuseum

5 Schrank, wohl aus der Werkstatt Fröhl in Feilnbach, mit Darstellung der Vier Jahreszeiten, 1829 Holzkirchen, Privatbesitz

6 Gewandkasten aus einer Werkstatt zwischen Miesbach und Rosenheim, Malerei wohl von Michael Böheim, 1813 München, Bayerisches Nationalmuseum

gesetzt waren – Werkzeuge, Tischplatten, Stühle und Schemel –, wurden hingegen aus Ahorn, Weißbuche oder Obsthölzern massiv hergestellt. Massivholzmöbel aus Hartholz finden sich seltener, da sich das Grundmaterial schwerer bearbeiten ließ und zudem teuer war.

Die Bretter wurden zu dieser Zeit in Regionen, wo es keine durch Wasserkraft betriebenen Sägemühlen gab, teilweise noch auf Gestellen mit der Hand gesägt, die Balken handbehauen. Danach mußten die Bretter mit der Hand gehobelt und verarbeitet werden. Man fertigte das Möbel ganz von Hand, ohne die Zuhilfenahme von Maschinen, dennoch paßten alle Teile gut, waren aber in sich nicht vollkommen gerade oder im rechten Winkel. Deshalb werden heute diese alten Möbel auch so geschätzt, da sie in ihrer individuellen Schiefheit unserem Auge schmeicheln.

Nach der Fertigstellung eines solchen Möbels fing dessen abenteuerliche Reise an, oft begann sie als Prunkfahrt auf dem Hochzeitswagen. Das Möbelstück wurde dann von den Eltern an die Kinder vererbt, oft neu gestrichen, später als Kornkiste

an den Holzvertäfelungen der Stuben und auch an Fensterläden und Haustüren; parallel dazu entstand die Lüftlmalerei am Bauwerk.

Zu allen Zeiten der bäuerlichen Möbelherstellung waren viele Gegenstände auf ihren Besitzer abgestimmt, und ein Möbel wurde auch meist zu bestimmten Anlässen, wie Hochzeit, Taufe, Meister- oder Gesellenprüfung, in Auftrag gegeben. Dies ist deutlich an Jahreszahlen, Initialen und der Art des Dekors zu erkennen. Die Möbel sollten außerdem eine lebensfrohe Ausstrahlung verbreiten, etwas Prunkvolles haben, auf den Reichtum des Besitzers hinweisen oder dessen Frömmigkeit zum Ausdruck bringen. Es wäre im übrigen falsch, das bemalte Möbel nur im Bauernhaus zu suchen. Handwerker und Kleinbürger traten als Käufer ebenso auf wie Personen aus der oberen Gesellschaftsschicht bei besonders gelungenen und schönen Stücken.

Gefertigt wurden Bauernmöbel aus Weichhölzern, wie Fichte, Tanne und Kiefer. Gegenstände, die starker Belastung und großem Verschleiß aus-

oder Werkzeugschrank verwendet. Das anfangs so schöne und geehrte Möbel verkam mehr und mehr und war schließlich für seinen Besitzer nur noch ein »oid's Glump«. Jede neue Generation wollte, wenn sie es sich leisten konnte, neue Möbel haben. So traten diese alten Gegenstände verwurmt, mißhandelt, zweckentfremdet, zernagelt und immer wieder überstrichen, schließlich ihren Dornröschenschlaf an. Die Industrialisierung verdrängte Gegenstände dieser Art noch weiter in die Ecken der Speicher, Keller und Scheunen, denn die Devise hieß: Neu ist gut. Während der letzten beiden Kriege wurden viele dieser alten Gegenstände zerstört. Menschen, die all ihr Hab und Gut verloren hatten, griffen in ihrer Not auf die noch übriggebliebenen, eigentlich schon ausrangierten Möbel zurück. Als die Zeiten dann etwas besser wurden, bei wirtschaftlichem Wiederaufschwung und Expansion der Möbelindustrie, ging ein weiterer Teil des traditionellen Gebrauchsgutes verloren.

Nach 1945 hatte nationales Kulturgut aus verständlichen Gründen nur geringe Konjunktur und einen eher bitteren Beigeschmack, gegen den man sich mit dem Versuch »Wegwerfen und Neu« auch in den eigenen vier Wänden zu rehabilitieren versuchte. Die Möbel wurden weggeworfen, zerhackt, zersägt und verheizt. Erst langsam kehrte danach wieder ein Bewußtsein für die alten Dinge zurück, die sich wohltuend von den mit Resopal beschichteten, kantigen Preßspanmöbeln absetzten. Manche Menschen konnten sehr wohl noch das Kulturgut in diesen alten Dingen sehen und durchaus erkennen, daß diese Gegenstände nicht nur ein wertvoll gewordener, billiger Rohstoff, sondern auch ein Stück Kultur- und Zeitgeschichte waren.

Das Geschäft mit den Bauernmöbeln begann, und die Epoche der »Verrestaurierung« war eingeleitet. Die Zahl derjenigen, die für ihren eigenen Bedarf antike Möbel kauften, und die der kommerziellen Händler nahm schnell zu. Die Nachfrage begann die Preise immer weiter in die Höhe zu treiben. Das Geschäft mit den Bauernmöbeln blühte, aber leider fehlte das nötige Wissen für eine richtige Restaurierung und Pflege dieser Gegenstände. Durch die Industrialisierung und die letzten beiden Kriege war so viel traditionelles Wissen verlorengegangen, daß die notwendigen Materialien und die Art ihrer Anwendung fast vergessen waren. »Freilegen«, »Konservieren« und »Erhalten« waren zu dieser Zeit oft Fremdwörter. Der vermeintliche Spezialist kannte oft nur das zentnerweise gekaufte Ätznatronsalz, mit dem die Möbel erbarmungslos eingepinselt, mit dem Gartenschlauch abgespritzt und danach abgebürstet wurden. Nur sehr hartnäckige Kaseinmalerei überdauerte solch einen Vorgang. Nägel, Weißleim und Dispersionsfarben für die »Retuschen« rundeten oft solche Arbeiten ab. Deshalb gibt es heute auch so viele »Naturholzmöbel«, an denen aber leider das Interessanteste und Individuellste, nämlich die Bemalung, verlorengegangen ist. Natürlich existierte auch viel Gebrauchsgut, das nur einmal mit einer uninteressanten Farbe gestrichen worden war, wo ein Abbeizen dann sinnvoll war. Da die Preise für gut restaurierte Möbel weiter anzogen, wurden auch die Restaurierungen langsam immer besser und fachgerechter. Ganz allgemein begann sich das Kunsthandwerk auf allen Gebieten wieder an Vergessenes zu erinnern, sich zu besinnen, und lebte dabei wieder auf. Heute sind Ausbildungsplätze an kunsthandwerklichen und berufsbildenden Schulen Mangelware, und es gibt zum Teil lange Wartelisten.

GRUNDSÄTZLICHES ÜBER DAS RESTAURIEREN VON KUNSTGEGENSTÄNDEN

Das Wort Restaurieren (lat. restaurare = wiederherstellen) sagt eine Halbwahrheit aus. Wiederherstellen könnte nur der Handwerker oder Künstler, der ein Werk ursprünglich geschaffen hat. Derjenige, der restauriert, kann also nur versuchen zu verstehen, was der Künstler gemeint haben könnte, und eine technisch wie optisch möglichst treffende Ausbesserung vornehmen. An diesem Punkt gehen die Meinungen der einzelnen Beteiligten stark auseinander; denn Kunsthistoriker, Museumsleute, Händler, Kunstliebhaber oder Restauratoren haben oft untereinander entgegengesetzte Interessen und Bestrebungen. Ein Händler wird wohl versuchen, einen Gegenstand so restaurieren zu lassen, daß er möglichst viel Gewinn verspricht, ein Museum würde hingegen die reine Konservierung vorziehen.

Als bekanntes Beispiel könnte man die Restaurierung der Fresken der Sixtinischen Kapelle anführen, über die in der Fachwelt eine große Diskussion einsetzte.

Die eine Seite vertrat die Meinung, daß der »Dreck« (Patina), der über Jahrhunderte, vermischt mit früheren Restaurierungen, dem Fresko einen eigenen Ausdruck und Charakter gegeben hatte und deshalb nach der gröbsten Säuberung hätte konserviert und erhalten werden müssen. Man sprach bei der Vorstellung einer vollständigen Restaurierung von »Enthäuten, ans Licht zerren« usw. Deshalb sollte das Fresko nur etwas gesäubert und dann konserviert werden, denn das Dunkle, Alte und Mystische hat gewisse Reize, denen man sich schwer entziehen kann. Man wußte doch, daß sich schon der Kerzenruß und Weihrauch der Renaissance dort niedergeschlagen hatten. – Es wurde auch die Frage aufgeworfen, ob die Patina das Kunstwerk schützt oder zerstört. Dies verwickelte den Farbchemiker, den restaurierenden »Künstler« und den Kunsthistoriker in erneute Diskussionen.

Die andere Seite argumentierte, daß Michelangelos Werk nie so ausgesehen hätte, und warum sollten die Farben nicht leuchtend sein, wenn der Künstler es doch offensichtlich so grell gewollt und gemalt hat, wie Freilegungsversuche deutlich belegen.

Der Kunstliebhaber, der den Anblick der Verdreckung immer gewöhnt war, reagierte nach der Restaurierung entweder geschockt oder hocherfreut.

Die Fragestellung, »Wie weit soll restauriert werden?«, zieht sich durch alle Materialbereiche. Vernünftig ist es, bei jedem Objekt einzeln zu entscheiden, wie vorgegangen werden soll, denn eine Schematisierung ist hier nicht möglich. Der erste Arbeitsschritt ist immer die Bestandsaufnahme. In ihr sollte der komplette Aufbau des Objekts bei der Herstellung ebenso wie die Beschreibung der Mängel enthalten sein. Ist das Werkstück so weit eingegrenzt, kann die Art der Konservierung oder Ergänzung und die Reihenfolge der einzelnen Restaurierungsschritte festgelegt werden. An einen Gebrauchsgegenstand, der eine spezielle Funktion hat und täglich benutzt wird, werden andere Anforderungen gestellt als an ein Altarbild, das nur in sich selbst arbeitet und altert. Vorrangig ist aber immer die Erhaltung der Originalsubstanz und das Aufhalten des Verfalls. Arbeitsmaterialien sollten immer so beschaffen sein, daß keine Spannung in das Werkstück gebracht wird, und dadurch neue Schäden hervorgerufen werden. Außerdem sollten Restaurierungen so durchgeführt werden, daß sie für spätere Zeiten am Übergang von Alt zu Neu trennbar bleiben, und die Möglichkeit für eine zweite, vielleicht bessere oder richtigere Restaurierung bestehen bleibt.

DER WERKSTOFF HOLZ

Holz hat eine breite Palette von sehr nützlichen und angenehmen Eigenschaften, von der Schönheit und Vielfältigkeit der Arten ganz abgesehen. Es ist im Vergleich zu anderen Materialien ein billiger Rohstoff, der in den unterschiedlichsten Bereichen verwendet und verarbeitet werden kann.

Die unangenehmen Eigenschaften entstehen durch das »Arbeiten« des Holzes: Das Material nimmt ständig Feuchtigkeit aus der Luft auf (ist hygroskopisch) und gibt sie bei Trockenheit wieder ab. Dieser Prozeß bewirkt ein Quellen, Werfen, Schwinden und Reißen des Holzes. Derjenige, der Holz verarbeitet, wird versuchen, dem »Arbeiten« des Holzes entgegenzuwirken. Das fängt mit dem richtigen Stapeln im Sägewerk an und begleitet den Verarbeitenden durch alle Arbeitsschritte. Die Holzauswahl, die Konstruktion, die Verleimung, die Holzverbindungen und die Bearbeitung der Oberfläche spielen hier eine große Rolle.

Wie man bei Möbeln und Kunstgegenständen aus den letzten Jahrhunderten deutlich sieht, hat das Holz sich weiter verändert und die ihm gegebene Form nicht akkurat beibehalten. Obwohl es fachlich zum großen Teil richtig verarbeitet worden ist, zeigt es Risse, Schwundfugen, Verdrehungen und Verwerfungen, Äste, die sich durch das Furnier oder die Malerei durchdrücken, oder ausgelaufene Harzgallen. Diese Veränderungen können dem Restaurator große Schwierigkeiten bereiten, sind aber für das Erscheinungsbild des ganzen Gegenstandes oft maßgeblich. Dieser läßt sich optisch, schief wie er ist, nicht mehr in Winkel und Gerade einteilen, auch wenn er restauratorisch in besten Zustand gebracht wurde. Das macht ihn für das Auge weich und angenehm, seine Wiederherstellung und Pflege aber arbeitsintensiv.

Ein weiterer nachteiliger Punkt dieses Materials ist, daß es von Holzschädlingen und Fäulnis ständig bedroht ist, wenn es nicht richtig gelagert und gepflegt wird. Wegen dieser bekannten Schwierigkeiten begann man im Zuge der Industrialisierung zunächst damit, schichtverleimte Sperrholzplatten und später dann die Spanplatten zu verarbeiten, um dieses Problem auszuschließen. Diese neuen Werkstoffe sind für viele Aufgabengebiete unersetzlich geworden, als Restaurationsmaterial sind sie aber nicht geeignet. Sie sind und bleiben, in ein altes Teil integriert, starr und fremd. Eine unangenehme Eigenschaft dieser Stoffe ist auch, daß ihnen das in »Würde Altern« versagt ist; sie werden nur abgenützt, häßlich und sind kaum zu restaurieren.

Die Konstruktion (Abb. 7–19)

Die Konstruktion bestimmt die Haltbarkeit des verarbeiteten Gegenstandes und soll dem Arbeiten des Holzes entgegenwirken. Durch die jahrhundertelange Erfahrung in der Holzverarbeitung haben sich grundsätzliche Regeln für haltbare Holzverbindungen herausgebildet. Oft läßt sich ein Gegenstand durch die Wahl der Holzverbindungen genau nach Alter und Herkunft bestimmen. Diese gliedern sich in verleimte und unverleimte Konstruktionen.

Die Gruppe der verleimten Verbindungen fängt mit der stumpfen Verleimung der einzelnen Bretter an, die unter dem Motto »Kern an Kern und Splint an Splint« zusammengeleimt sein müssen, um eine möglichst spannungsfreie Breite des verleimten Materials zu gewährleisten. Schon bei der Holzauswahl bestimmt man die Dauerhaftigkeit dieser Verbindung. Ein Material mit »stehenden Jahresringen« »wirft sich« weniger als z. B. ein Seitenbrett oder ein Randstück. Verleimte Eckverbindungen, an denen Hirnholz mit Längsholz zu-

7 Ein in ein Spiegelbrett in der Mitte, vier Mittelbretter, acht Seitenbretter und zwei Schwarten aufgetrennter Baumstamm

8 Die stumpfe Verleimung unter dem Motto »Kern an Kern und Splint an Splint«

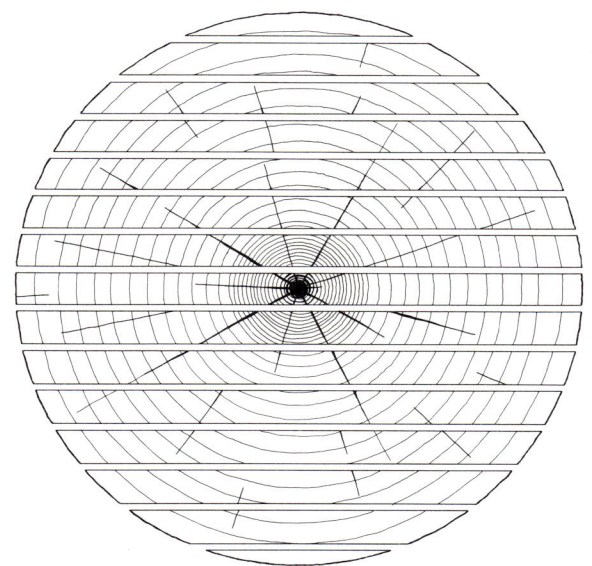

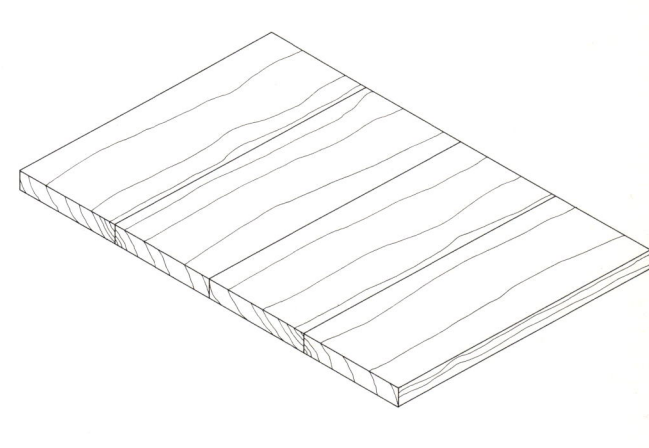

9 Zinken und Schwalben in nicht verbundenem Zustand

10 Zinken und Schwalben in verbundenem Zustand

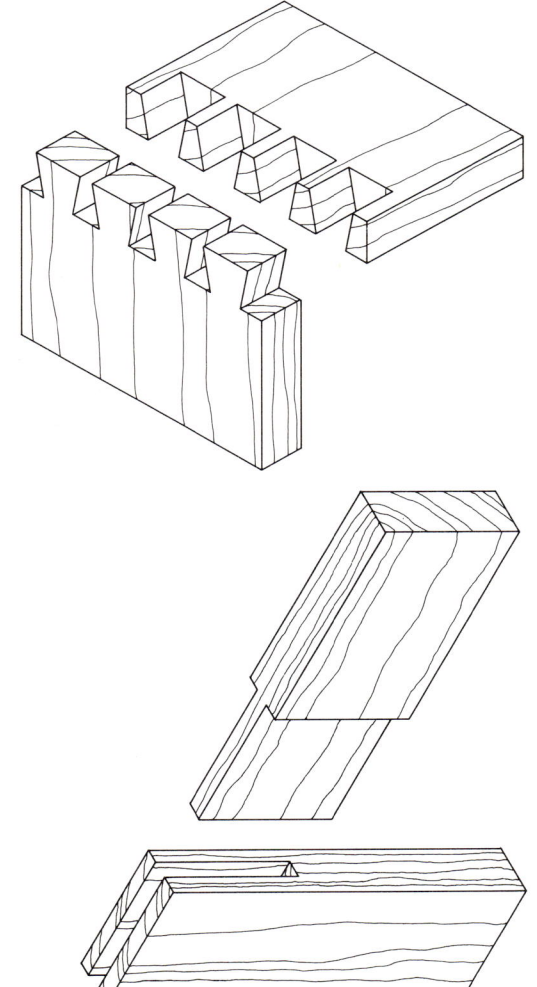

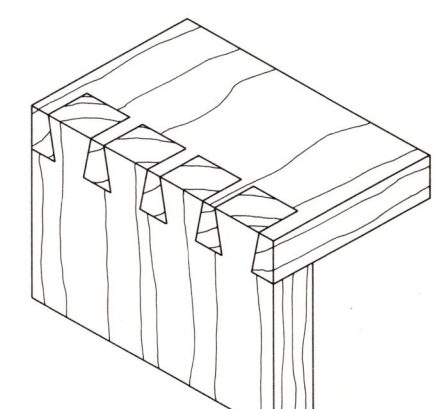

11 Schlitz und Zapfen in nicht verbundenem Zustand

12 Schlitz und Zapfen in verbundenem Zustand

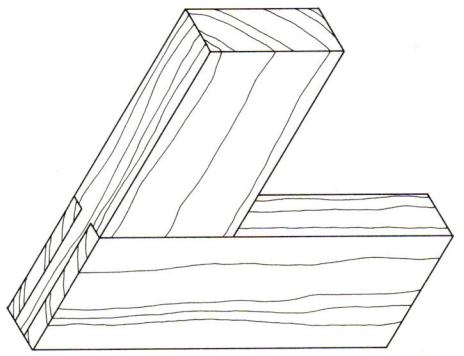

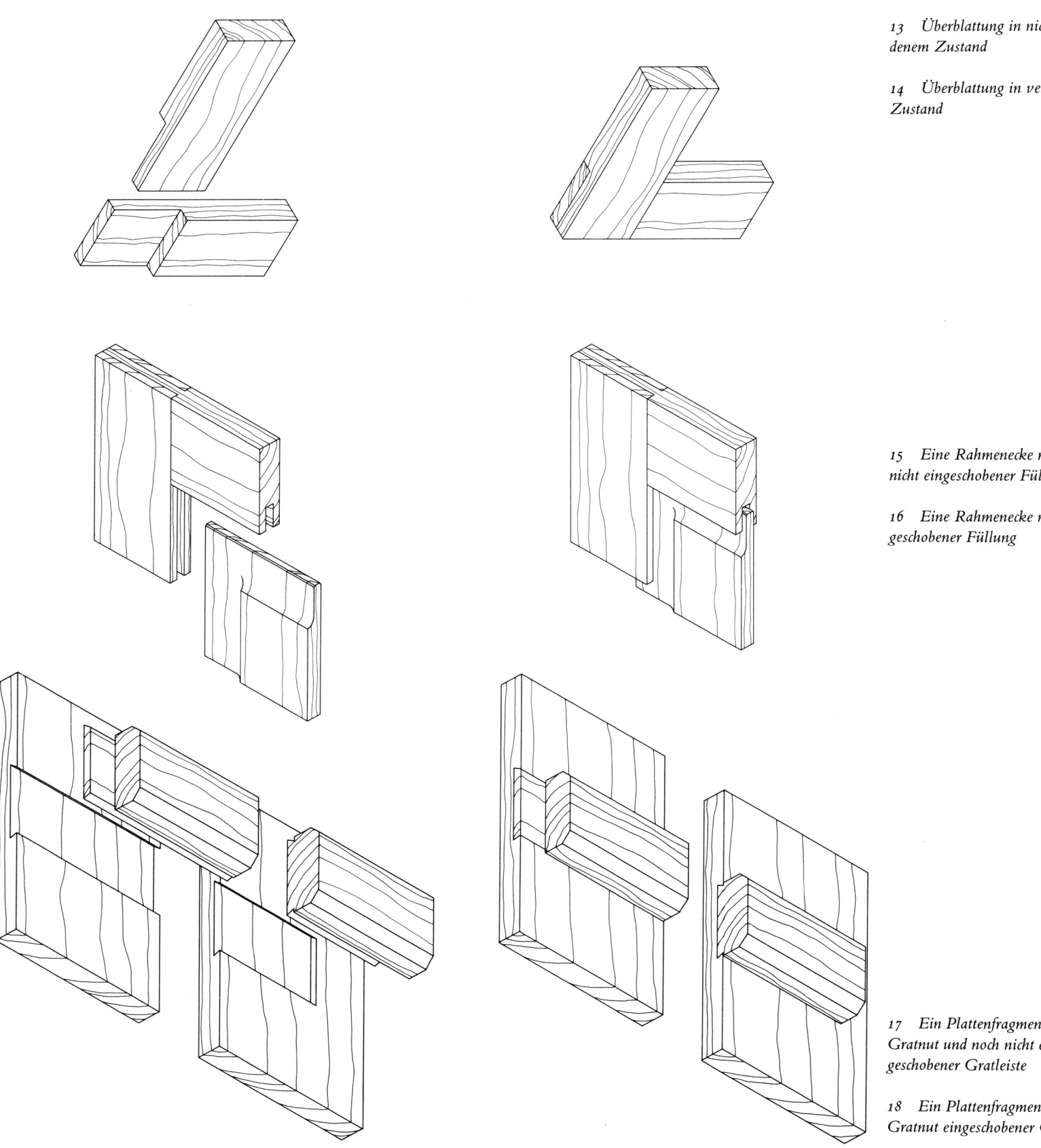

13 Überblattung in nicht verbundenem Zustand

14 Überblattung in verbundenem Zustand

15 Eine Rahmenecke mit noch nicht eingeschobener Füllung

16 Eine Rahmenecke mit eingeschobener Füllung

17 Ein Plattenfragment mit Gratnut und noch nicht eingeschobener Gratleiste

18 Ein Plattenfragment mit in die Gratnut eingeschobener Gratleiste

19 *Die Vergratung von waagerechten und senkrechten Werkstücken*

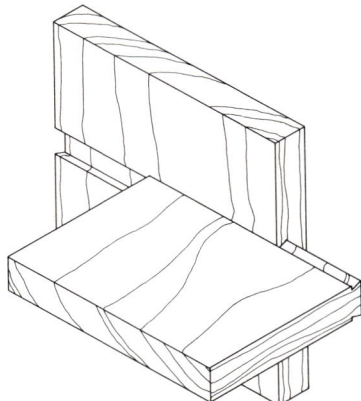

sammenstößt, sind oft durch Zinken und Schwalben, Schlitz und Zapfen oder Überblattung stumpf oder auf Gehrung miteinander verbunden. Holznägel oder Dübel werden häufig als Sicherung von Zapfen der Längs-Querverbindung oder zur Verbindung stumpfer Stoßstellen gewählt. Heutzutage gibt es noch eine große Anzahl von Holzverbindungen, die durch spezielle Fräsmaschinen ermöglicht werden, die aber bei der Restauration von Kunstgegenständen kaum Anwendung finden.

Als unverleimte Verbindungen gelten Konstruktionen, die in sich selber weiterarbeiten können. Dazu gehören die Nut, der Falz und die Gratverbindung. Sie sind so hergestellt, daß sie in sich quellen und schwinden können, ohne sich selbst oder ihren Rahmen zu sprengen oder zu zerstören. Das trifft z. B. auf Altarbilder, Füllungen in Rahmenkonstruktionen, Tischplatten usw. zu. Würde man diese Verbindungen bei einer Restaurierung festleimen, so hätte das die Folge, daß sie aufreißen und große Schäden verursachen.

Die Lagerung

Holz, das für Restaurationsarbeiten verwendet wird, soll in geheizten Räumen gelagert werden, da Möbel oder andere Kunstgegenstände auch im Innenraum stehen. Die Feuchtigkeit des Holzes muß so beschaffen sein wie die des zu restaurierenden Gegenstandes. Ist es zu naß, schwindet es in eingebautem Zustand und erzeugt dann häßliche Fugen und Risse; ist es zu trocken, fängt es bei hoher Luftfeuchtigkeit zu quellen an.

Die Materialauswahl

Um eine Restaurierung der Holzsubstanz gut durchführen zu können, muß man die Holzauswahl sehr genau treffen. Das Material soll in der Holzart passen und in der Struktur und der Farbe möglichst exakt mit dem Original übereinstimmen. Je größer ein Holzlager an alten Hölzern ist, um so leichter findet man das passende Material. Ein ca. 200 Jahre altes Fichtenbrett hat sich im Laufe der Zeit von Weißlich-Gelb in einen satten, honigfarbenen Ton verfärbt. Die Beschaffung solcher alten Materialien sollte immer geschehen, wenn sich nur irgendwie die Möglichkeit dazu bietet. Das kann auf dem Sperrmüll, bei dem Abriß von alten Häusern, bei Umbauten, auf Trödelmärkten und sogar auf der Müllkippe sein. Teilweise haben sich Händler schon auf die Beschaffung von alten Materialien spezialisiert. Diese antiken Hölzer müssen gut gelagert werden, da sie immer noch dem »Arbeiten« unterworfen sind.

Der Zustand des zu restaurierenden Gegenstandes

Möbel und andere Holzgegenstände weisen vor der Restaurierung immer wieder gleiche Beschädigungstypen auf und sind in folgende Gruppen einzuteilen: in die durch Materialfehler und durch falsche Verarbeitung entstandenen Schäden (Verdrehungen und Verwerfungen); die durch Feuchtigkeit oder Trockenheit entstandenen Schäden (verfaulte und verfärbte Teile, Wasserflecken, zerstörter Leim, Verdrehungen, Rißbildung); die durch Schädlingsbefall entstandenen Schäden (Fraßgänge, Zerstörung der Tragfähigkeit, Ausbröselungen); die durch die Benutzung entstandenen Schäden (durchgescheuerte Seiten der Schubkästen und Laufleisten, ausgestoßene und ausgeleierte Holzteile an Schlössern und Beschlägen); in durch Gewalteinwirkung und Zweckentfremdung entstandene Schäden (aufgebrochene Schlösser, Brandschäden, Spuren von Transportschäden, Stoß- und Schlagstellen, chemische Verschmutzung durch Öle, Farben und Säuren); die durch frühere Restaurierungen und Reparaturen entstandenen Schäden (Nägel, Schrauben, grobe, schlecht ausgeführte Ausbesserungsversuche, festgeleimte Holzverbindungen, falsche Beschaffenheit und Anwendung von Arbeitsmaterialien). Jeder Punkt dieser Zustände bedarf bei der Restaurierung einer speziellen Bearbeitung, wobei man nur das ergänzen sollte, was sich tatsächlich nicht erhalten läßt, oder schon abhanden gekommen ist.

Die Werkzeuge zur Holzbearbeitung (Abb. 20–28)

Jeder Beruf hat seine berufsspezifischen Werkzeuge. Der Restaurator von Möbeln oder Kunstgegenständen aus Holz muß sehr verschiedene Fachkenntnisse besitzen; er sollte schreinern, schnitzen, drechseln, intarsieren, fassen und vergolden können. Dazu benötigt er eine Vielfalt von Werkzeugen aus verschiedenen Berufen. Bei den Werkzeugen zur Holzbearbeitung bilden die *Schreinerwerkzeuge* den Grundstock. Es ist traditionelles Handwerkszeug, das sich im Laufe der Jahrhunderte kaum verändert hat. Auch Werkbank, Bankknecht und Böcke sind von der Funktion her gleichgeblieben. Dazugekommen sind einige Spezialwerkzeuge und Kleinmaschinen, die die Arbeit sehr erleichtern, wie z.B. Hobelmaschine, Kreissäge, Bandsäge und Schleifmaschine. Die wichtigsten Schreinerwerkzeuge für die manuelle Ausübung des Handwerks sind:

– Hobelbank
– Bankknecht
– Böcke
– Spannbacken für kleine Leisten
– Seitenbankhaken zum Einspannen
– Heizplatte
– Leimtopf
– Stemmeisen und Stechbeitel in verschiedenen Größen
– Schleifbock mit Polierscheibe und Abziehsteinen
– Feilen und Raspeln
– Diverse Sägen (Spann-, Absetz-, Fein-, Grat-, Laub-, Furnier-, Stich-, Gehrungssäge und Fuchsschwanz)
– Diverse Hobel (Doppel-, Schlicht-, Reformputz-, Schrupp-, Grund-, Profil-, Sims-, Furnier-, Nut-, Zahn-, Bootsbauer-, Hirnholzhobel und Rauhbank)
– Beißzange
– Flachzange
– Nagelzieher
– Diverse Schraubenzieher
– Bohrwinde mit Bohrern
– Versenker, Körner, Durchschläge
– Maler- und Ölspachtel
– Winkel
– Streichmaß
– Anreißnadel
– Spitzbohrer
– Zirkel
– Meß- und Zeichengeräte
– Knechte, Zwingen, Klemmen
– Gehrungszange mit Klammern
– Verschiedene Hämmer
– Fitscheisen.

Die *Holzbildhauer-* oder *Schnitzwerkzeuge* vervollständigen das Schreinerwerkzeug. Mit ihnen wird der Dekor hergestellt oder ergänzt. Die einzelnen Schnitzwerkzeuge werden in Balleisen, Flacheisen, Hohlbohrer, gekröpfte Eisen und Schnitzmesser unterteilt. Zum »Anhauen« wird ein Schlegel oder Knüpfel verwendet. Schnitzwerkzeugen, deren Hefte oben nicht mit Eisenmanschetten eingefaßt sind, ist der Vorzug zu geben, da sonst der Knüpfel zu schnell zerschlagen wird. Große Arbeitsstücke werden mit einer Figurenschraube auf dem Bildhauerbock befestigt. Flachornamente werden, mit einer Zeitung dazwischen, auf einer Spanplatte festgeleimt, um ein Bearbeiten auch dann möglich zu machen, wenn ein Einspannen mit Zwingen oder in der Hobelbank nicht möglich ist. Das Ornament läßt sich so nach der Fertigstellung leicht mit einem Balleisen abheben. Spezielle gekröpfte Bildhauerfeilen sind ab und zu nützlich. Zirkel aller Arten zum Vergrößern und Verkleinern, Storchschnäbel zum Kopieren werden als Hilfs- und Meßgeräte benötigt. Teilweise kann eine kleine Kettensäge sogar beim »Anlegen« eines Stückes hilfreich sein. Wenn ganze Ornamente

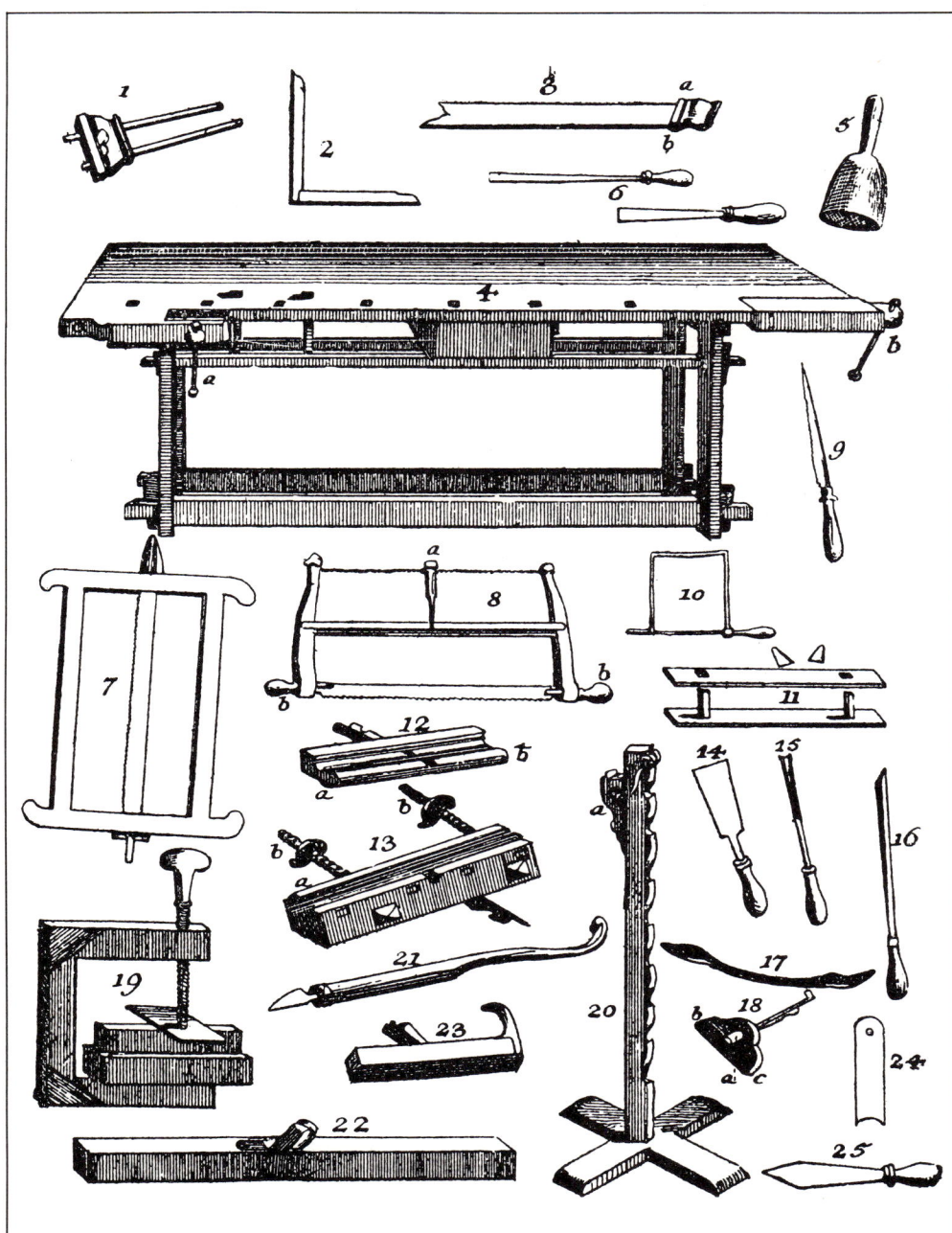

Abstechstähle, Flachschaber zum Bearbeiten des Werkstücks und Meßwerkzeuge wie Taster, Zirkel, Schieblehre und Lochtaster. Die nebenstehend gezeigte Abbildung des Kupferstichs aus dem Buch »Abraham und David Roentgen – Möbel für Europa« von Josef Maria Greber (Bd. 1, Starnberg 1980, S. 186) zeigt folgende Gerätschaften: *Werkzeuge des deutschen Möbelschreiners, 1764* (nach Halle):

1. Streichmaß
2. Winkelhaken
3. Gehrmaß
4. Hobelbank mit: a) Vorderzange und b) Hinterzange
5. Holzhammer
6. zwei Stemmeisen
7. Klobsäge
8. Schließ- oder Schlitzsäge
9. Stichsäge
10. Laubsäge
11. Leimzwinge
12. Hohlkehlhobel: a)–b) Laufbahn der Sohle
13. Nuthobel
14. Stechbeitel
15. Hohleisen
16. Lochbeitel
17. Raspel
18. Grundhobel: a) Hobeleisen, b)–c) Kasten
19. Schraubzwinge aus Holz
20. Bankknecht: a) Sattel
21. Achselschnitzer
22. Fügbank
23. Bestoßhobel
24. Ziehklinge
25. Ziehklingenstahl zum Schärfen der Ziehklinge.

20 *Werkzeuge des deutschen Möbelschreiners (1764), siehe Beschreibung im Text*

eines Stückes verschwunden oder nur noch partiell erhalten sind, ist es oft ratsam, sie aus Ton zu modellieren, bevor sie in Holz umgesetzt werden. Dazu können käufliche Modelliereisen, oder selbst hergestellte Werkzeuge verwendet werden.

Eine weitere Werkzeuggruppe bilden die *Drechselwerkzeuge*. Zur Grundausrüstung gehört die Drehbank mit ihren verschiedenen Futtern, Zentrierspitzen usw. Dazu kommen Röhren, Meißel,

21 Der Arbeitsplatz

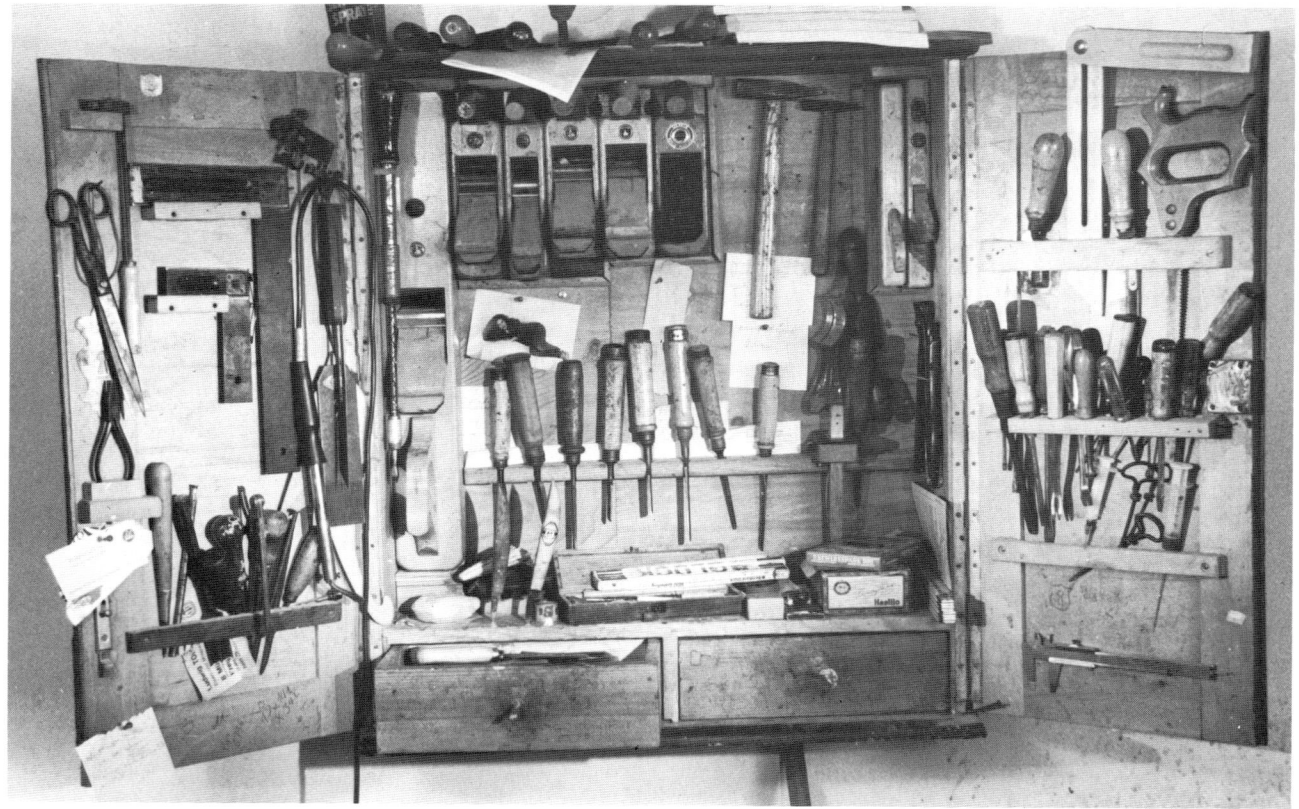

22 Der Werkzeugschrank

23 Die Knechte, die Zwingen, die Klemmen

24 Die Handwerkszeuge zur Holzbearbeitung

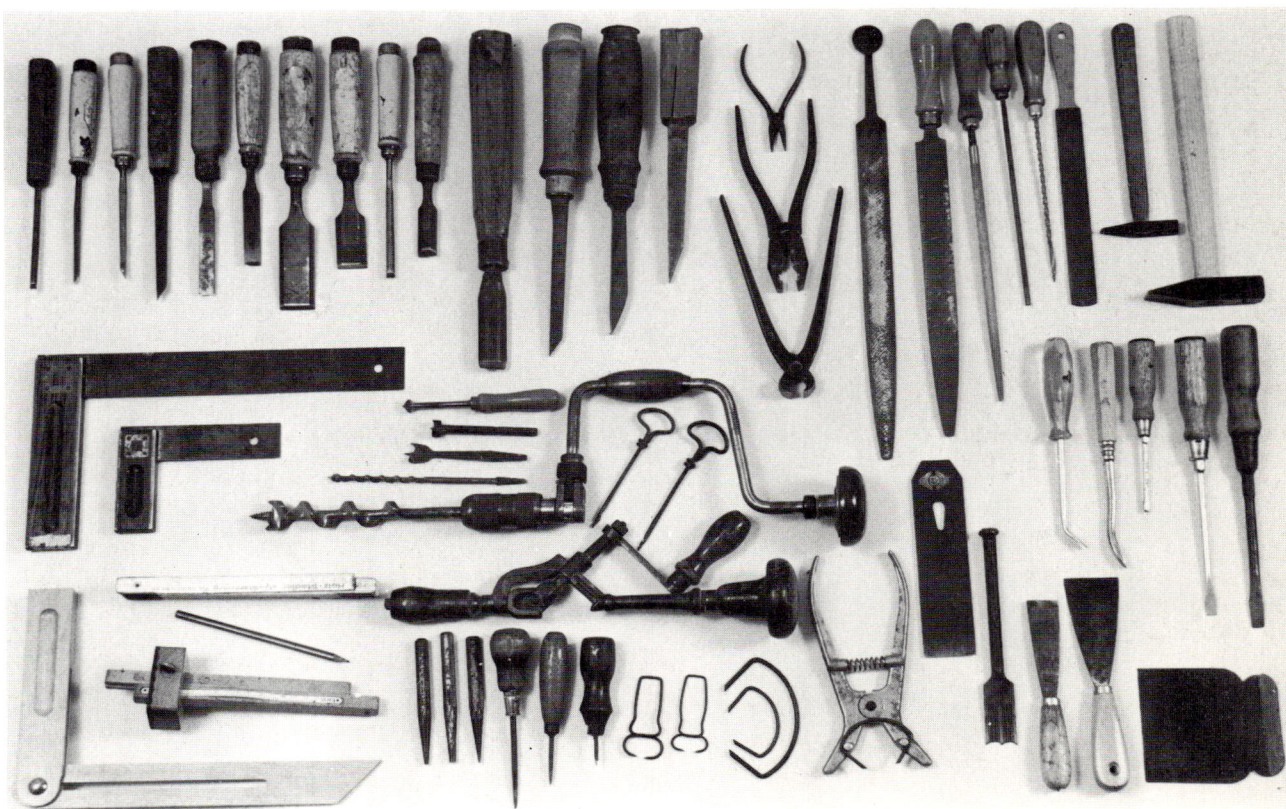

25 Die Hilfsmaschinen zur Holzbearbeitung

26 Diverse Hobel

27 Diverse Sägen

28 Die Bildhauerwerkzeuge

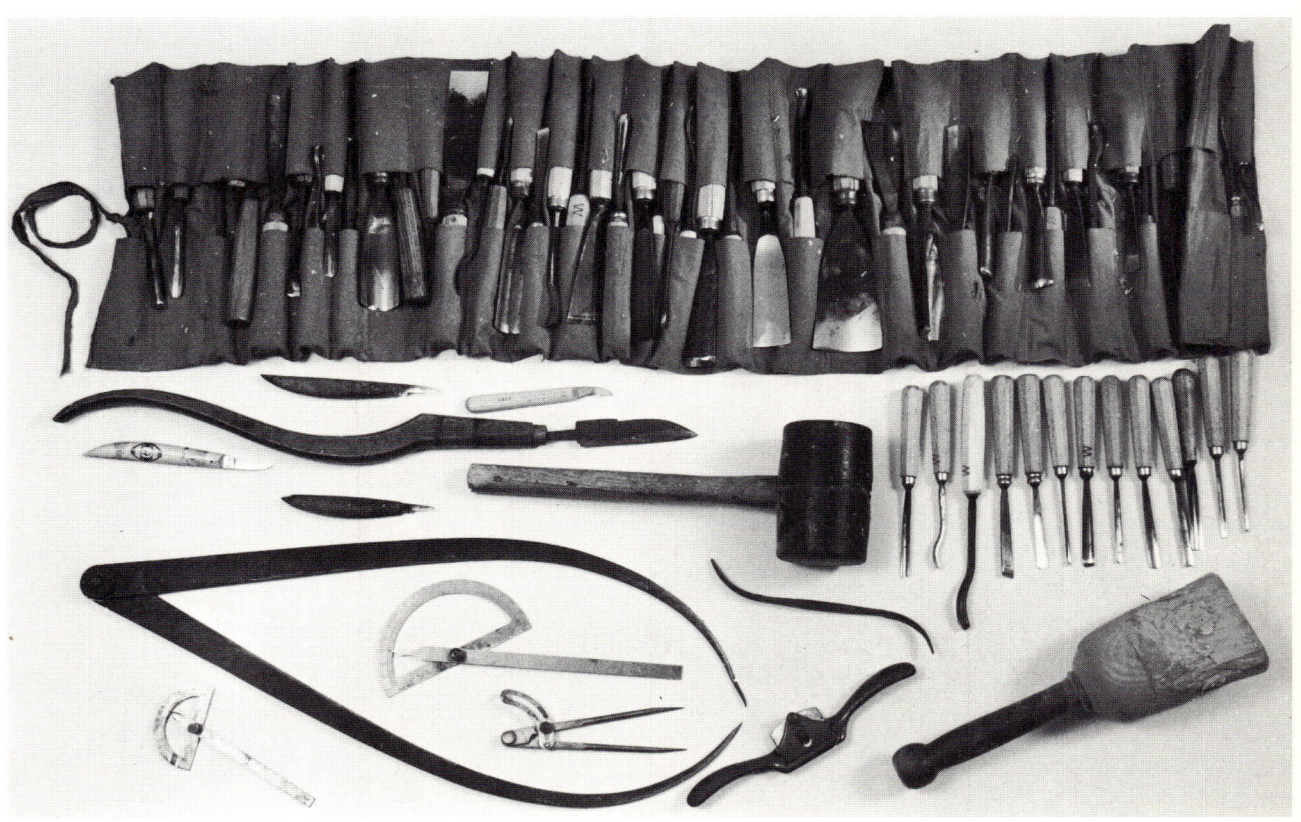

Der Leim

Der Leim verbindet Holz mit Holz. Die auf den zusammenzufügenden Flächen vorhandenen aufgeschnittenen Poren füllen sich beim Verleimen mit dem aufgetragenen Leim. Beim Zusammenpressen der Werkstücke dringt der Leim tief in die Poren ein, und überschüssiger Leim tritt an den Außenkanten aus. Dieser muß gleich abgewischt werden. Nach dem Trocknen erhält man eine feste, dauerhafte Verbindung der Werkstücke.

Für eine Restaurierung sollte immer der ursprünglich benützte Leim verwendet werden: Bei den meisten antiken Gegenständen des Innenraumes wurde Glutinleim verwendet, dagegen fand Kaseinkalkleim seine Anwendung hauptsächlich bei Gegenständen, die einer hohen Luftfeuchtigkeit ausgesetzt waren, wie z. B. im überdachten Außenbereich.

Glutinleim (Abb. 29, 30)

Glutinleim wird aus organischen, tierischen Abfallstoffen (Leder, Häute, Knochen, Fischabfälle) hergestellt. Nach Reinigung und Entfettung wird diesen Stoffen das Leimgut entzogen, es wird eingedickt, geformt und getrocknet. Das in dem bearbeiteten Leimgut enthaltene Glutin gibt dem Leim die hohe Bindefähigkeit. Bei Knochen ist es Ossein, bei Hautabfällen Kollagen, welche in Glutin umgewandelt werden. Glutinleim kommt in verschiedenen Qualitäten und Handelsformen auf den Markt: als Tafel- oder Netzleim, als Perl- oder Hasenleim, Linsen, Plättchen oder Flocken. Die Handelsformen sagen nichts über die Qualität des Leimes aus. Hautleim hat die größte Bindekraft, die des Lederleims ist ebenfalls sehr hoch, Knochenleim ist für die Restaurierung von Antiquitäten gut ausreichend. Es wird auch Mischleim aus 30% Hautleim und 70% Knochenleim angeboten. Ein mit hellen Mineralien angereicherter Leim wird als »Russischer Leim« verkauft.

Um den Leim verwendungsfähig zu machen, wird er in nichtrostenden Gefäßen zum Quellen gebracht. Haut- und Lederleim müssen einen Tag, Knochenleim in Platten 12 Stunden vorher angesetzt werden. Perlleim und Flocken quellen durch ihre große Oberfläche schon in ein oder zwei Stunden. Auf ein Teil Leimgut kommen ca. zwei Teile Wasser, die den Leim gut bedecken sollen. Danach wird das übriggebliebene Einquellwasser weggeschüttet, und die gequollenen Platten werden mit kaltem Wasser abgewaschen. Guter Leim behält beim Quellen seine Form, schlechter Leim löst sich schon beim Quellen im kalten Wasser teilweise auf. Gequollenes Leimgut wird kühl aufbewahrt, um eine Gärung zu vermeiden, die die Bindefähigkeit stark herabsetzen würde. Deshalb sollte man auch nur so viel Leimgut ansetzen, wie verbraucht wird. Das Schmelzen des gequollenen Leimes muß wieder in nichtrostenden Leimtöpfen geschehen, die in einem warmen Wasserbad hängen. Im Handel werden Leimtöpfe aus Kupfer oder Zink angeboten. Sie bestehen aus einem mit Wasser gefüllten Außentopf und einem Innentopf, in den das gequollene Leimgut kommt. Den Topf stellt man am besten auf eine Heizplatte. Bei ca. 40 bis 50° Celsius beginnt der Leim zu schmelzen. 60°C dürfen nicht überschritten werden, da sonst das dem Leim die Bindekraft gebende Glutin zerstört wird. Ein Kochen muß absolut vermieden werden!

Zum Auftragen des Leimes werden Borstenpinsel verwendet, und zum Leimangeben in Fugen und Rissen benützt man Leimspachtel aus nichtrostendem Federstahl. Nach Beendigung der Arbeit sollte das Leimwerkzeug in ein Glas Wasser gestellt werden und nicht im Leimtopf verbleiben. Beim Verleimen sollte man auf folgende Punkte achten:

Um den Leimvorgang zu verkürzen, müssen alle Arbeitsgeräte, wie z.B. Zulagen, Klemmen, Zwingen, vor dem Leimauftrag bereit liegen.

Nach dem Ansetzen der Zwingen muß überflüssiger Leim sofort weggewischt werden, da man beim Wegkratzen des Leimes am nächsten Tag das Werkstück verletzen würde.

Der Leim darf weder zu dick noch zu dünn sein. Er sollte gut vom Pinsel ablaufen und keine Fäden ziehen. Dazu wird der gequollene Leim nach dem Schmelzen mit ca. 40% Wasser verdünnt. Später muß man ab und zu etwas Wasser nachgeben, da durch ständiges Warmhalten eine nicht zu unterschätzende Menge Wasser verdunstet.

29 Der Glutinleim und die dafür nötigen Werkzeuge

30 Der Leimtopf

Die Leimtemperatur sollte zwischen 40 und 50° Celsius liegen. Die offene Leimzeit dauert bis zum Erkalten des Leimes. Die Abbindezeit beträgt ca. zwei Stunden, der Trocknungsprozeß bis zur Weiterverarbeitung bis zu 12 Stunden.

Die Werkstücke müssen etwas erwärmt werden (z. B. mit Föhn oder Bügeleisen auf Einstellung »Wolle«), um die offene Leimzeit zu verlängern. So wird verhindert, daß der aufgetragene Leim auf dem Werkstück erstarrt, und sich eine dicke Schicht zwischen den Werkstücken bildet. Dieser »eingefrorene Leim« springt nämlich nach kurzer Zeit wieder auf.

Beim Injizieren von Leim in stark verwurmtes Holz muß der Leim stark verdünnt werden, um ein gutes Eindringen zu gewährleisten.

Beim Auskitten von stark verwurmten oder schon teilweise ausgebröselten Teilen wird feinstes Sägemehl, jedoch kein Schleifstaub, mit Leimwasser zu einer Paste angerührt. Man kann auch noch etwas Kreide dazugeben. Ist der Leim zu stark, platzen Kittstellen nach ihrer vollkommenen Trocknung wieder heraus.

Kaseinkalkleim (Abb. 31)

Der Leim besteht aus Kasein, das aus Milch gewonnen wird. Die Bindekraft erhält der Leim durch das im Kasein enthaltene Eiweiß Albumin.

In Geschäften für Künstlerbedarf wird fertiges Kasein angeboten, es kann aber auch aus Topfen selbst hergestellt werden. Um Kasein verwendungsfähig zu machen, muß es aufgeschlossen werden. Aufschließen bedeutet, das quellbare, aber wasserunlösliche Kasein in einen streichfähigen Zustand zu versetzen. Dies erfolgt mit Kalk, Ammoniak oder Hirschhornsalz (Ammoniumkarbonat). (Möglich ist auch ein Aufschluß mit Natron- oder Kalilauge. Diese Verbindung ist jedoch nicht sehr zweckmäßig.) Der dafür geeignete Kalk sollte mindestens drei Jahre gelagert sein, man nennt ihn dann Sumpfkalk. Diesen erhält man in vielen Baufachgeschäften.

Angerührt wird der Leim in Glas- oder Keramikgefäßen. Metall würde den Leim zerstören: deshalb dürfen auch nur gebundene Pinsel ohne Metallmanschetten verwendet werden. Es wird empfohlen, Pinsel zu benützen, die aus pflanzlichen Fasern hergestellt sind. Borsten- und Haarpinsel lösen sich in Kalkkasein langsam auf.

Bei Verleimungen mit Kalkkaseinleim muß die Einspanndauer der Werkstücke mindestens einen Tag betragen. Mit der Weiterverarbeitung muß noch gewartet werden, da der chemische Prozeß der Abbindung erst am 6. Tag beendet ist. Der Leim hinterläßt an den Fugen, wo er ausgetreten oder verschmiert worden ist – besonders bei gerbsäurehaltigen Hölzern (Eiche), aber auch bei Kiefer –, dunkle Verfärbungen. Deshalb sollten Leimreste gleich weggewischt werden. Verfärbungen lassen sich jedoch mit Kleesalz teilweise entfernen.

Topfenkasein:

Zu 100 g Topfen werden 20 g Sumpfkalk gegeben. Nach gutem Verrühren zerläuft der Topfen, und die Lösung ist gebrauchsfertig. (Zum Malen soll sie ca. 1:3 mit Wasser verdünnt werden.)

Ammoniakkasein:

100 g Kaseinpulver werden mit 0,5 Liter warmem Wasser gut verrührt; das Gemisch darf nicht klumpen. Dann gibt man 30 g Hirschhornsalz dazu, das vorher in etwas Wasser gründlich aufgelöst worden ist. Sofort beginnt das Kasein aufzuwallen, die Kohlensäure verflüchtigt sich. Wenn dieser Prozeß abgeschlossen ist, bleibt eine leimartige Flüssigkeit zurück. (Zum Malen soll die fertige Kaseinlösung ca. 1:3 mit Wasser verdünnt werden.)

Kunstharzleime

Im Schreiner- oder Tischlerhandwerk werden heute nicht mehr die alten Leimmittel, wie Glutin oder Kasein, verwendet; sie sind durch moderne, leichter zu verarbeitende Leime ersetzt worden. Diese synthetischen Leime (Kunstharze) sind Polymerisations- und Polykondensationsprodukte, die wesentlich kürzere Abbindezeiten haben. Sie sind nur für Neuverarbeitungen, weniger für Restaurierungsarbeiten, geeignet.

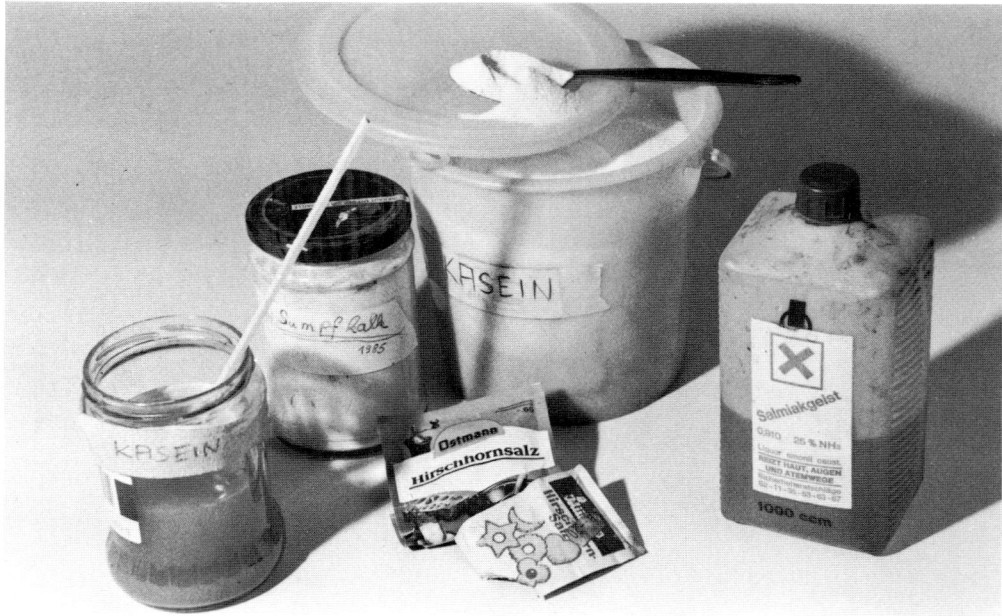

31 Das Kasein und die dafür nötigen Aufschlußmittel

DIE FARBE

In der Entwicklungsgeschichte des Menschen spielte die Farbe schon immer eine wichtige Rolle, um den eigenen Charakter und den der Umwelt zu unterstreichen oder zu verändern. Eine der ersten Gebrauchsformen der Farbe war die Bemalung des Körpers – mit die älteste Form der bildenden Kunst, die der Mensch ausgeführt hat. Die Höhlenmalereien gehören gleichfalls zu den frühesten Zeugnissen der Farbgestaltung.

Der Begriff Farbe wird meist falsch definiert, da Farbe oft mit Malstoffen verwechselt wird. Farbe ist eher ein Sinneseindruck, der dadurch entsteht, daß »Lichtstrahlen« auf unser Auge treffen. Der Maler oder Künstler verwendet keine Farben. Er benützt Malstoffe, die in ihrem Namen schon genauer auf den Inhalt hinweisen: z. B. Ölfarbe, Kaseinfarbe, Dispersionsfarbe usw. Eine »Farbe«, wie sie in der Umgangssprache benannt wird, besteht immer aus zwei Komponenten: aus farbgebenden Stoffen (Pigmente und Farbstoffe) und aus Bindemitteln (Öl, Harz, Leim, Kasein).

Die Pigmente (Abb. 32)

Jeder, der sich mit der Restaurierung von Antiquitäten oder Malerei auseinandersetzt, wird früher oder später ohne Pigmente nicht auskommen. Es gibt sie in wundervollen Farbtönen, die trotz ihrer Schönheit gefährlich werden können. Viele dieser »Farben« enthalten Stoffe, die sehr giftig sind, wie z. B. Blei, Kadmium, Quecksilber usw. Sie dürfen deswegen nicht in Kinderhände gelangen, und auch der Verarbeitende selbst muß verantwortungsbewußt mit ihnen umgehen.

Pigmente müssen trocken gelagert werden, damit sie kein Wasser ziehen und nicht klumpen. Die günstigste Unterbringungsmöglichkeit ist, sie in Glasgefäßen mit Druck- oder Schraubdeckeln zu verwahren. Das gleiche gilt für Kreiden, Polimente und andere Farbtrockenprodukte.

Eine Vermischung der Pigmente – sei es, daß der Spachtel oder der Pinsel dreckig von Glas zu Glas wandert, oder daß Farbgefäße dem Werkstattstaub ausgesetzt sind – muß unbedingt vermieden werden. Die Vermischung sollte erst auf der Palette oder in einem separaten Gefäß stattfinden. Angemachte, mit Binder vermischte Pigmente sollten verbraucht werden, da sie Häute ziehen, eintrocknen und, in größerer Menge hergestellt, früher oder später in Fäulnis übergehen. Dabei verlieren sie ihre Bindekraft und führen bei ihrer Verwendung zu unangenehmen Ausblühungen, Abblätterungen und unvorhersehbaren Strukturen (Risse, Blasen usw.), die später zu größten Schwierigkeiten Anlaß geben. Meistens ist es zweckmäßig, ein zweifelhaftes Pigment-Bindergemisch wegzuwerfen. (Natürlich kann man bewußt Gemische herstellen, die abplatzen, um einen Gegenstand künstlich alt erscheinen zu lassen.)

Wer an alten Malereien, Fassungen und Bemalungen arbeitet, sollte seine »Farbe« selbst herstellen können. Bei den im Handel befindlichen, schon mit Binder versetzten Pigmenten, die, fett oder verdünnt, sofort vermalt werden können, gibt es ein verwirrend großes Angebot. Die Palette reicht von der Fassadenfarbe bis zur feinsten Künstlerfarbe. Derjenige, der sich ein Bild oder eine Farbenfolge von Grund her neu aufbaut, wird mit Fertigprodukten keine maltechnischen Schwierigkeiten bekommen, es sei denn, daß er die Verarbeitungsanleitungen der Farbenhersteller nicht beachtet.

Das gilt jedoch nicht für den Restaurator. Für ihn sind diese Mischungen zu derb und zu wenig speziell. Wer hier seine »Farbe« selbst herstellt, bestimmt sowohl die Art und die Qualität des

Binders als auch die von ihm verwendeten Pigmente. Die Pigmente sind in großer Vielfalt und verschiedenen Qualitäten auf dem Markt. Das Angebot umfaßt das ganze Spektrum von den hellen bis zu den dunklen Farben: im Handel sind z.B. allein 15 verschiedene Gelbtöne mit den unterschiedlichsten Namen, Qualitäten und Eigenschaften. Zum Spezialthema Pigmente ist im Buchhandel bereits umfangreiche Literatur erhältlich.

Die Pigmente, die an bäuerlichen Möbeln anzutreffen sind, können oft einfach bestimmt werden. Der Preis der Pigmente und das kleine Angebot diktierten früher die Verwendung. Man findet deshalb teure Pigmente sehr selten an ländlichen Möbeln, viel eher hingegen im sakralen und höfischen Bereich, z.B. an Skulpturen, Gemälden, Fresken usw. Die kostenaufwendigen, seltenen Pigmente sind in der Dekorationsmalerei der Bauernmöbel nur sparsam verwendet worden. Meist wurden die bemalten Gegenstände mit einem Grund belegt, auf den die Grundfarben, z.B. Blau und Braun, aufgestrichen wurden. Für Ornamente, Heiligenbilder, »blutende Herzen«, dekorative Blumensträuße, Stadtansichten, Jahreszeiten, Zahlen usw. wurden, im Verhältnis zu den mit billigen Grundfarben bemalten Flächen, nur sehr wenige teure Pigmente verbraucht.

Zur Zeit der Herstellung von Bauernmöbeln gab es nur eine sehr beschränkte Auswahl von Pigmenten und Farbstoffen. In alten Aufzeichnungen werden unter anderem folgende erwähnt:

Schwarz = Ruß oder gebrannte Knochen
Weiß = Kreide oder Bleiweiß
Gelb = Gelbe Erden
Rot = Ochsenblut, Rötel, Mennige, Zinnober, Englisch Rot (Eisenoxid)
Braun = Ausgekochte Walnußschalen, Manganerde, Nürnberger Braunrot
Grün = Ausgekochte Schleeh- und Kreuzbeeren, Grünspan
Blau = Zerstampfte Kornblumen, Berliner Blau (Eisencyansalz)

Beim Vergleich der Pigmentlisten, die man heute von Farbhändlern und in Künstlerbedarfsgeschäften erhält, werden sich mit der Zeit und wachsender Arbeitserfahrung sehr differenzierte Vorlieben für bestimmte Materialien entwickeln. Man wird die Pigmente nur dort beziehen, wo die Qualität mit Preis und Aufgabengebiet übereinstimmt. Wer auf Reisen Farbhandlungen aufsucht, erlebt oft, vor allem bei Naturfarben und gemahlenen Erden, daß diese andere Tönungen und andere Konsistenz aufweisen.

Ein kleines Sortiment von heute im Handel befindlichen Pigmenten, sozusagen eine Grundausstattung, kann man der folgenden Liste entnehmen, es beliebig ausbauen und erweitern:

Schwarz = Elfenbeinschwarz, Graphit, Eisenoxidschwarz, Rebschwarz
Weiß = Titandioxid, Kremser Weiß, Zinkweiß
Gelb = Diverse gelbe Ockertöne, Zinkgelb, Chromgelb hell und dunkel, Indischgelb, Nepalgelb, Kadmiumgelb hell und dunkel, Nickeltitangelb, Echtgelb hell und dunkel, Eisenoxidgelb
Orange = Kadmiumorange, Chromorange
Rot = Kadmiumrot hell, mittel und dunkel, diverse Rotockertöne, Englischrot hell und dunkel, Permanentrot hell und dunkel, Ultramarinrot, Zinnober, Indischrot
Braun = Diverse Umbratöne, Vandyckbraun, Manganbraun, Kasslerbraun, Dunkelocker, Caput mortuum hell und dunkel
Grün = Veroneser Grüne Erde, Böhmische Grüne Erde, Chromoxidgrün stumpf und feurig, Kobaltgrün, Permanentgrün
Blau = Coelinblau, Echtblau, Kobaltblau, Mangancoelinblau, Ultramarinviolett, Ultramarinblau hell und dunkel, Pariserblau, Manganblau, Indigo, Smalte und viele andere.

Die Binder

Der Binder stellt die Verbindung zwischen den Pigmenten und dem Träger her. Wer eine gut haltbare Oberfläche erreichen will, wird dafür seinen Binder sorgfältig auswählen. Die Pigmente sollen im Binder ganz eingeschlossen, und dieser muß so verdünnt sein, daß die Binder-Pigmentmischung gut auftragbar ist. Diese Mischung muß in den Untergrund tief eindringen und dort wie ein großes Dübelfeld erstarren. Außerdem muß die getrocknete Binder-Pigmentmischung mit dem Träger (auf organischem Untergrund) »arbeiten« können oder sie muß auf einem starren Träger (Stein, Metall) stehen bleiben. Der Binder bestimmt, ob das bearbeitete Werkstück wasser-, wetter-, wisch- oder griffest ist. An ein Möbel werden dabei natürlich andere Anforderungen als an ein Bild oder ein Balkongeländer gestellt.

Pigmente können mit einer Vielzahl von Bindern verarbeitet werden, wie z. B. mit Ölen, Eiemulsionen, Leimen, Kleistern, Lacken, Kunstharzen, Kasein usw. Bei der Restaurierung ist man nicht mehr frei in der Wahl des Binders, sondern muß sich an die Methode der Farbbindung des »Erzeugers« oder des Objektzustands anpassen.

In der bäuerlichen Malerei sind größtenteils Binder auf Wasserbasis verwendet worden. Deshalb wird das Pigment mit Wasser angemacht. Dazu entnimmt man mit einem Ölspachtel oder einem Löffel dem Pigmentglas so viel von dem Farbstaub, wie man für den betreffenden Arbeitsschritt benötigt. Dieses Pigment schüttet man auf eine Glas- oder Marmorplatte, gibt mit einer Pipette etwas Wasser dazu und zerreibt die Farbe mit dem Läufer. Der entstandene Farbbrei kann jetzt mit Binder versetzt werden. Die Binderkonsistenz darf nicht zu fett genommen werden, damit einem der Strich beim Auftrag nicht abreißt oder die Farbe später abplatzt. Kaseinstammlösung wird z. B. ca. im Verhältnis 1:3 mit Wasser versetzt. Der Binder wird sorgsam eingerührt; damit ist eine fertige, bindende und streichfähige »Farbe« hergestellt.

Die aufgetragene »Farbe« wirkt wie ein dünnes Furnier, nimmt den Untergrund mit und verbiegt ihn. Bei Altarbildern sind deshalb oft beide Seiten bemalt worden, um die Spannung auszugleichen. Bei Möbeln sind die Holzverbindungen so stark, daß ein Sich-Verziehen durch die Farbschicht kaum vorkommt, wenn die schreinerischen Arbeiten gut durchgeführt sind.

Jedes einseitig bemalte oder furnierte Möbel beginnt sich jedoch nach dem Zerlegen zu werfen, weil es durch die Holzverbindungen nicht mehr als Einheit zusammengehalten wird. Deswegen sollten Möbelteile durch Anspannen von Zulagen gegen das »Verziehen« gesichert werden. Es muß mit dem Grundsatz »Je mehr Binder, desto mehr Spannung« gearbeitet werden. Ist der Binder oder die aufgetragene Farbschicht zu dick, wird die Farb-Bindermischung wie eine im Sommer ausgetrocknete Pfütze in Schollen und Plättchen abblättern. Ist er zu dünn, läßt er sich mitsamt den Pigmenten wieder abwischen. – Wie bei Restaurierungsarbeiten oft festgestellt worden ist, wurden Materialien zur Herstellung des Binders verwendet, die im eigenen Haus oder Dorf vorhanden waren und sich bewährt hatten. Außerdem war die Auswahl an Möglichkeiten für die Farbbindung eher klein.

Als die drei häufigsten Binderarten bei Holzgegenständen findet man Kasein, Glutin und Dextrin (Kleister). Die Herstellung von Kasein und Glutin ist im Abschnitt »Der Leim« nachzulesen (s. S. 22).

Da Kleister nicht als Leim verwendet wird, ist er unter die Binder einzureihen. An ländlichen Möbeln findet man ihn hin und wieder als Farbbinder. Auf Holz hat er eine gute Haftung und ist in der Bauernmalerei für Holzmaserimitate verwendet worden. Da dieser Farbbinder auch nach der Trocknung wasserlöslich bleibt, muß er zum Schluß mit Bienenwachs oder einer dünnen Schellacklösung fixiert werden. Hergestellt wird er aus Roggenmehl, das man mit wenig warmem Wasser zum Quellen bringt und dann in kochendes Wasser einquirlt. Das Mischungsverhältnis sollte ca. 1 g Mehl auf 15 g Wasser betragen. Gibt man dieser Lösung etwas Leinölfirnis zu, erhält man einen Halbgrund, der mit Wasser weiter verdünnbar bleibt.

Die Gründe

Jeder Gegenstand, der mit Farbe überzogen werden soll, wird als *Träger* bezeichnet. Bestehen kann er aus den unterschiedlichsten Materialien, wie Metall, Stein, Gips, Holz, Leinen usw. Das Material, aus dem der Träger besteht, und der Standort des Gegenstandes bestimmen die Stoffe, die für einen Farbauftrag sinnvoll und erprobt sind. Im Falle des Bauernmöbels ist das Trägermaterial das Holz, und der Standort ist weitgehend auf den Innenbereich oder auf den überdachten Außenbereich beschränkt.

Jeder Materialauftrag, der auf die fertig verarbeitete Oberfläche des Trägers aufgestrichen wird, nennt sich *Grund*, wenn danach ein weiterer Materialauftrag erfolgt. (Dabei hängt die Möglichkeit für die Veredlung durch die »Farbe« weitgehend von der Qualität der Oberflächenbearbeitung des Trägers ab.)

Das Material Holz als Träger ist ein stark saugender Boden für die »Farbe«. Deswegen ist unter die meisten Bemalungen eine Grundierung gelegt worden: sie besteht aus Binder, der mit Pigmenten und Füllstoffen versetzt sein kann, und verhindert ein zu starkes Absinken der »Farben«. Wenn der Binder mit Kreide oder anderen Hellstoffen vermischt worden ist, ergibt sich eine lichte, transparente Malfläche. Die Bemalung wird dadurch luftiger, und man spart die Hälfte der Pigmente ein.

Der erste Grund bestimmt die Folge und das Material der nächsten Aufstriche. Bei der Wahl des Binders für den Grund wird schon weitgehend festgelegt, ob der Gegenstand gefaßt oder bemalt werden soll. Je genauer und sorgfältiger der Untergrund aufgebaut ist, desto haltbarer und edler wird das Endprodukt ausfallen.

Kaseingrund eignet sich vorzüglich für eine folgende Kaseinmalerei. Für den Aufbau einer Fassung ist dieser Grund ungeeignet.

Anders beim Leimgrund, der ermöglicht, auf ihm eine Bemalung mit Kasein aufzubauen oder den Aufbau bis zu einer Fassung weiterzuführen. Will man mit kaseingebundenen Pigmenten auf dem Leimgrund (Kreidegrund) weiterarbeiten, sollte man das für die Gründe verwendete Leimwasser 1:10 mit Alaun versetzen. Dieses »Gerben« des Leimes macht den Grund weitgehend wasserfest, und ein Auflösen des Grundes durch das Kasein tritt nicht ein.

An antiken bemalten Gebrauchsgegenständen ist meist Kasein oder Glutinleim als Binder für den Untergrund verwendet worden, hin und wieder auch Kleister. Man spricht hier von *bemalten* Möbeln, welche zum größten Teil ländlicher Abstammung sind. Bei Bemalungen scheint die Struktur des Untergrundes (Holz) durch; bei *Fassungen*, bei denen der Untergrund öfter aufgetragen und zwischengeschliffen wird, ist keine Struktur des Trägers mehr erkennbar. Ist Fassung gemeint, wurde Glutinleim als Binder für den Leim- oder Kreidegrund verwendet. Diese Verarbeitung trifft man häufig an Skulpturen und Malereien aus dem sakralen und höfischen Bereich an.

Bauernmöbel, die mit im Sakralbereich angewandten Techniken wie dem Marmorieren oder dem Malen auf geschliffene Kreidegründe ausgeführt sind, trifft man in der Hochblüte der Bauernmalerei des öfteren an. Diese Techniken stellen den Übergang von der Bemalung zur Fassung her. Oft sind diese Arbeiten von professionellen Kirchenmalern geschaffen worden, die selbständig arbeiteten oder sich ein Zubrot verdienten.

Kaseingrund

Kaseinstammlösung wird mit ca. drei Teilen Wasser gleichmäßig vermischt und aufgetragen. Je dünner ein Grund aufgetragen wird, um so besser hält er. Es ist ratsam, lieber zwei dünne als einen dicken Grund aufzutragen. Die erste Schicht wird gestupft, alle folgenden werden gestrichen. Um hellen (weißen) Kaseingrund zu erzielen, wird ein Teil Zinkweiß und ein Teil Naturgips mit je einem Teil Wasser vermengt. Zu diesen 2/3 der Gesamtmenge kommt 1/3 Kaseinlösung dazu, und man erhält einen gut haftenden, wasserfesten Grund. Bis zur Weiterverarbeitung sollte eine Woche gewartet werden, um ein gutes Abbinden zu gewährleisten. Wenn der Untergrund zu rauh und uneben durch den Auftrag geworden ist, sollte zwischengeschliffen werden. Anstelle von Naturgips und Zinkweiß kann auch Kreide verwendet werden.

Der Leimgrund (Kreidegrund) bis zur Vergoldung

Der Leimgrund ist die Basis für den Aufbau einer Bemalung, einer Fassung oder einer späteren Vergoldung. 15 g Wasser auf 1 g Leim ergeben das Grundmaterial. Man sollte als Versuch, da die Leime verschiedene Qualitäten aufweisen, folgenden Test durchführen: Man bestreicht beide Innenballen der Daumen dünn mit dem hergestellten Leimwasser und reibt die Ballen gegeneinander. Bei Eintreten der Trocknung müssen die beiden Ballen etwas aneinanderkleben, so daß man ein Ziehen deutlich spürt und sieht. Es dürfen sich keine Fäden bilden, da das ein sicheres Zeichen wäre, daß der Leim zu dick ist und später abplatzen würde.

Das Leimwasser wird im Wasserbad bei 30–40° Celsius warm gehalten und als erster Grund auf das Holz gestrichen (Leimtränke).

Auf diesen Grund trägt man, wenn man eine Malerei mit Kasein anstrebt, eine bis zwei Schichten helle Kreide auf. Dazu muß das Leimwasser, in das die Kreide eingebracht wird, vorher mit 10% Alaun versetzt werden. Die Kreideschicht muß so gleichmäßig und dünn werden, daß die Struktur des Holzes noch erkennbar ist.

Beabsichtigt man eine Fassung, wird bei zu glatten Untergründen das Holz vorher mit dem Zahneisen aufgerauht, um eine bessere Verhaftung mit der Oberfläche zu gewährleisten. Nun erfolgt die Leimtränke. Auf diesem Leimgrund liegen dann alle weiteren Gründe bis zur Fassung oder Vergoldung.

Der erste pigmentierte Auftrag wird mit Steinkreide durchgeführt. Dazu wird die Steinkreide, die eine graue Tönung aufweist, durch ein Sieb in das hergestellte Leimwasser gerieben. Diese Lösung soll eine Konsistenz haben, die wie »Sahne vom Pinsel läuft«. Wenn man zu kräftig umrührt, bevor die Kreide das Leimwasser aufgesaugt hat, wird Luft in die Kreide eingerührt, die darauf Bläschen bildet. Beim Trocknen hinterlassen sie im aufgetragenen Grund kleine, häßliche Krater, die später wieder herausgeschliffen werden müssen. Um eine besonders feine Kreide zu erzielen, empfiehlt es sich, die angerührte Lösung durch einen Nylonstrumpf zu passieren. – Je dünner der Grund aufgetragen wird, um so besser läßt er sich weiterverarbeiten (die Dünne des Auftrags bestimmt auch seine Haltbarkeit). Er wird im Wasserbad bei ca. 40° C warmgehalten und dann stupfend aufgetragen, nicht gestrichen. Nach dem Trocknen wird eine zweite Schicht Steinkreide aufgebracht. Der Steinkreidegrund wird geschliffen, und dann wird der erste weiße Grund, der auf die gleiche Art wie die Steinkreide (jedoch unter Verwendung von 50% Champagnerkreide und 50% Bologneserkreide) hergestellt worden ist, aufgetragen.

Nach dem Trocknen dieses Auftrages wird erneut zwischengeschliffen. Dabei muß darauf geachtet werden, daß der Steinkreidegrund nicht durchgeschliffen wird. Der graue Ton der Steinkreide birgt den Vorteil, daß man genau sieht, wann der weiße Grund durchgeschliffen ist. So läßt sich der Aufbau einer Fassung leicht schleifen, ohne etwa den Träger zu verletzen.

Die folgenden drei Schichten werden mit um ein Drittel dünnerem Leimwasser hergestellt und nicht mehr gestupft, sondern gestrichen. Danach folgt ein weiterer Schliff mit sehr feinem Schleifpapier. Alle aufgetragenen Gründe müssen langsam trocknen. Dieser Prozeß darf weder durch Sonneneinstrahlung noch durch Heizgeräte beschleunigt werden. Der geschliffene, staubfreie Grund wird gelöscht: Darunter versteht man, daß noch einmal eine sehr dünne Leimschicht bei ca. 30°C auf den Kreidegrund aufgetragen wird (7 g Leim auf 100 g Wasser). Die Flüssigkeit soll in kaltem Zustand kaum noch gallertartig werden. Nach dem Trocknen der Lösche darf der Kreidegrund beim Darüberwischen nicht mehr abfärben. (Ist das dennoch der Fall, hat man die Gründe zu wenig geleimt.) Ist der Grund soweit fertiggestellt und wird in der Folge bemalt, spricht man von Fassung.

Will man einen gefärbten Grund erzielen, auf dem auch eine Vergoldung aufgebaut werden kann, kann man beispielsweise eine Spirituslösche verwenden, die folgendermaßen hergestellt wird: 1 g geleimtes Poliment + 1,5 g Spiritus + 5 g destilliertes Wasser.

Der Polimentgrund gibt dem Gold die eigentliche Haftung. Als »Bolus« oder Hütchen kommt er in fester Form in den Handel. Die Farben des Poliments werden in Gelb-, Rot-, Blaugrau- und Schwarztönen angeboten. Stellt man sich aus Hütchen sein Poliment selbst her, schabt man mit dem Messer so viel von dem Hütchen ab, wie man benötigt. Dieser trockene, öl-lehmige Stoff wird einige Tage gewässert und dann mit dem Läufer auf einer Glas- oder Steinplatte unter Zugabe von einigen Tropfen Spiritus zerrieben. Das fertig geriebene Poliment wird mit dem Ölspachtel aufgenommen, in ein Glasgefäß gegeben und mit Leim versetzt, der doppelt so stark sein soll wie bei der Lösche. Dann wird das Poliment durch einen Nylonstrumpf getrieben, und die entstandene Lösung im Wasserbad auf 30 °C erwärmt. Sie muß für den Auftrag eine Konsistenz von Sahne haben und soll auf keinen Fall zu dick sein. Jede weitere Pigmentschicht darf nur noch die Hälfte des Leimgehaltes der letzten Schicht haben. Dazu setzt man seiner Lösung bei jeder neuen Schicht einen Teil ungeleimtes Poliment und einen Teil Wasser zu. Die Lösung für die beiden letzten Schichten wird in kaltem Zustand nicht mehr gallertartig. Je dünner die Pigmentschichten sind, um so besser lassen sie sich auftragen, und eine gute Vergoldung ist gewährleistet.

Für eine Vergoldung wird meistens eine Lage gelbes und drei Lagen rotes Poliment aufgetragen. Für Silber wird Grau oder Schwarz verwendet. Der Polimentgrund darf nicht mehr angefaßt werden, besonders empfindlich zeigt er sich gegenüber Fingerabdrücken. Nach seiner Fertigstellung wird er mit einer fettfreien Haarbürste abgebürstet oder mit einem Baumwollappen abgerieben und erhält dabei einen matten Glanz. Jetzt kann das Gold aufgelegt werden.

Für eine Glanzvergoldung wird eine Netze hergestellt, die das Gold durch Adhäsion ansaugt. Man sagt: »Das Gold wird angeschossen.« Die Netze kann folgendermaßen hergestellt werden:
Weingeistnetze: 1 Teil Weingeist und 2 Teile dest. Wasser
Spiritusnetze: 1 Teil Spiritus und 2 Teile dest. Wasser
Branntweinnetze: 1 Teil Branntwein und 1 Teil dest. Wasser.

Sind in der Netze zu viele Alkoholanteile enthalten, sieht man später im Gold jeden einzelnen Ansatz von Goldblättchen zu Goldblättchen, dort wo sie übereinander liegen. Das gleiche kann auch passieren, wenn mit der Netze zu großzügig über schon angelegte Flächen gegangen wird. Ist in der Netze zu wenig Alkohol enthalten, fällt das Gold beim Polieren ab. Die Netze wird mit einem Haarpinsel aufgetragen, das Gold mit dem Anschießpinsel aufgenommen, an die benetzte Stelle gebracht und wenn nötig mit dem Vergolderpinsel angedrückt. Dieser Arbeitsvorgang muß schnell geschehen, da sonst der Alkohol der Netze verdunstet, und die Adhäsion nicht mehr gewährleistet ist. Fertig angelegtes Gold darf vor dem Polieren mit den Händen nicht berührt werden, da sie Flecken und Fingerabdrücke hinterlassen. Ist alles Gold sauber angelegt, muß es trocknen. Da sich die Trocknungszeit nach der Raumtemperatur richtet, dauert dies zwischen 2 und 6 Stunden. Wichtig ist es, den Zeitpunkt für das jetzt folgende Polieren des Goldes so zu wählen, daß man nicht das Gold, wenn es noch nicht ganz trocken ist, mit dem Achat aufreißt. Ist dagegen die Gold-Pigmentschicht zu trocken geworden, so sieht man jeden Strich des Achats in der Vergoldung. Derjenige, der sich beruflich mit Vergoldung auseinandersetzen muß, sollte spezielle Fachliteratur heranziehen, da es noch andere Techniken des Vergoldens gibt (Vergoldung von Stein, Stuck oder Metall; oder auch die Ölvergoldung).

Die Werkzeuge zur Bemalung, Fassung und Vergoldung (Abb. 33)

Wer eine Bemalung, Fassung oder Vergoldung restauriert oder herstellt, benötigt dazu verschiedene Werkzeuge. Da die Technik des Farb- oder Goldauftrages sich nicht verändert hat, werden die gleichen traditionellen Werkzeuge wie früher verwendet. Alle Werkzeuge für den Bereich »Farbe« sind verhältnismäßig teuer. Deshalb sollte man sie richtig gebrauchen und nach der Benutzung sorgfältig reinigen.

Zum Auftragen der Untergründe und Farben werden verschiedene Pinsel benötigt: Borsten- und Haarpinsel in verschiedenen Größen und Qualitäten. Angemischt werden die »Farben« auf einer Palette oder einem Teller. Für manche Farbaufträge werden auch Stoffballen und Schwämme verwendet. Bei speziellen gemalten Marmorarten kann sogar eine lange, gebogene Hahnenfeder zum Werkzeug werden, um Adern aufzutragen. Da bei Restaurierungen der ursprüngliche Farbauftrag nachgebildet werden muß, kommt der Restaurator oft nicht umhin, sich Malgeräte selbst herzustellen. Als Beispiel könnte man die Kämme zum Einkratzen der Kammzugmalerei nennen, die nach Benutzung meist verbraucht sind und weggeworfen werden. Außerdem hat meist jeder Kammzug verschiedene Breiten, die sich nur auf ein bestimmtes Objekt anwenden lassen. Feine Ölspachtel leisten oft gute Dienste beim Ausspachteln von Fehlstellen und um Strukturen aufzubringen, aber auch nur zum Herausnehmen der Pigmente aus den Gläsern. Zum Anreiben der Farbe und der Polimente eignet sich vorzüglich eine Marmorplatte als Untergrund. Auf ihr wird das Pigment mit dem Läufer völlig zerrieben. Dieser kann aus Glas oder aus einem sehr harten, geschliffenen und polierten Stein bestehen.

Bei der Polimentvergoldung benötigt man folgende Werkzeuge: Für das Zuschneiden des Goldes nimmt man als Untergrund ein Vergolderkissen – meist ist dies ein gefüttertes Wildlederpolster. Als Werkzeug für das Zerschneiden der Goldblättchen wird ein Vergoldermesser benutzt. Aufgenommen wird das Gold mit dem Anschießer oder Anschießpinsel, da das Material so dünn ist, daß ein Anfassen mit der Hand nicht mehr möglich ist. Zum Einpolieren des Goldes werden breite, spachtelähnliche Achate für die Flächen und spitze, gekrümmte für das Zierwerk verwendet.

Die Lacke und Wachse (Abb. 34)

Die Oberfläche von Gebrauchsgegenständen ist oft mit Lack oder Wachs gegen Schmutz, Wasser und Abnützung eingelassen. Dieser Materialauftrag hat das Holz nicht nur geschützt, die Maserung betont, die Farbe leuchtender erscheinen lassen – die Oberfläche ist dadurch auch glatter und für die Hand angenehmer zu berühren. Die ursprünglich dafür verwendeten Materialien sind reine Naturprodukte, die heute noch recht leicht auf dem Farbenmarkt zu erwerben sind. Die modernen Lacke sind für die Massenfertigung unersetzbar, jedoch für Restaurierungen nur im Spezialfall geeignet. Auf alten Gebrauchsgegenständen werden diese Lacke mit ihren höchst unterschiedlichen Trocknungszeiten, Auftrags- und Verarbeitungsmöglichkeiten oft spröde, vergrauen schnell und können eine Bemalung oder Fassung durch ihre Oberflächenspannung in Schollen oder Schuppen herunterreißen. Das kann rasch geschehen, es kann aber auch Jahre dauern, bis dieser Prozeß eintritt. Wer sich Erfahrungen dieser Art ersparen will, greift lieber auf die bewährten Grundmaterialien zurück.

Der Schellack

Der an alten Möbeln verwendete Lack war in den meisten Fällen Schellack gewesen, und auch bei bäuerlichen Möbeln, die naturbelassen waren, trifft man ihn häufig an. Für Restaurierungen, vor allem an polierten Möbeln, ist Schellack unersetzlich.

Hergestellt wird er aus Stocklack – einem Grundprodukt, das von tropischen Feigenbäumen in Thailand und Ostindien gewonnen wird. In diesen Bäumen lebt eine Schildlausart (loccus lacca), die den weißlichen Saft des Baumes frißt und ihn als roten Saft wieder ausscheidet. Er verkrustet dann an Ästen und Zweigen, wird dort abgenommen, in Alkohol aufgelöst, gereinigt, getrocknet und kommt schließlich als Schellack auf den Markt. Angeboten wird er in fester Form als Plättchen oder flüssig, mit Alkohol aufgelöst. Die fertigen Mischungen sind teilweise mit Wachs oder Öl versetzt, polieren sich leichter, werden aber später nicht so hart.

Derjenige, der seinen Lack selbst herstellt, bestimmt die Qualität, die er verarbeitet. Die beste Sorte ist der Limonenschellack. Er weist eine hellgelbe, transparente Farbe auf und ist schon weitgehend von Dreck gereinigt. Orangenschellack, der eine rotbraune, trübe Farbe hat, enthält noch sehr viele Verunreinigungen. Frei von allen Fremdstoffen ist der weiße, gebleichte Schellack. Angemacht wird der Lack in Glasgefäßen; in Verbindung mit Metall verfärbt er sich häßlich. Die Schellackplättchen werden in ein Glas geschüttet und mit Alkohol übergossen, bis sie gut bedeckt sind. Damit der Lack sich gleichmäßig auflöst, und keine gummiartige Masse am Grund entsteht, muß die Flüssigkeit die nächsten Stunden immer wieder durchgeschüttelt werden. Sind alle Plättchen ganz aufgelöst, ist die Stammlösung hergestellt.

Als Oberflächenschutz ist die Schellackpolitur die edelste Verarbeitung, die aber nur an sakralen, höfischen und bürgerlichen Arbeiten anzutreffen ist, da dieser Arbeitsprozeß zeitaufwendig und teuer war. Zu diesem Arbeitsvorgang wird die Schellacklösung in einen Stoffballen (innen Polsterwatte, außen Leinen) gegossen. Mit diesem Ballen wird der Schellack auf die Oberfläche aufgetragen. Zunächst unter Verwendung von Bimsmehl, danach mit einer immer dünner werdenden Lösung, in die ein paar Tropfen Öl gegeben werden, wird der Lack kreisförmig einpoliert.

Auf ländliche Naturholzmöbel ist manchmal – vor allem bei der Verwendung von Edelhölzern – eine Schicht Schellack vor dem Wachsen aufgestrichen worden. Dazu wurde ein Teil Stammlösung mit vier Teilen Alkohol verdünnt, aufgestrichen oder mit einem Ballen aufgewischt. Nachdem der Auftrag gut getrocknet war, ist er durch Abreiben mit Bimsmehl geglättet worden.

Heute nimmt man dazu feinste Stahlwolle, mit der man, im Maserverlauf, das Möbel abreibt. Dann kann das Wachs dünn aufgetragen werden, das jetzt nicht mehr so stark wegschlägt und auf der Schellackschicht eine schöne, glatte Oberfläche erzeugt. Kaseinbemalte Möbel sind nur gewachst worden, denn der Farbauftrag ist selbst schon wasserfest, und die Oberflächenspannung sollte durch Lackauftrag nicht erhöht werden. Anders bei Bemalungen mit Kleistern, die nicht wasserfest sind und als Schutz mit einer dünnen Schellackschicht belegt wurden, bevor sie gewachst worden sind. Schellack läßt sich außerdem mit spirituslöslichen Beizen färben und kann für Retuschen mit Pigmenten, Goldstaub usw. versetzt werden.

Die Wachse

Einer der ältesten Pflege- und Konservierungsstoffe für organische und anorganische Materialien ist das Bienenwachs. Es kann sehr verschiedenartig verwendet werden, wie z.B. zum Modellieren, zum Bronzeguß, als Farbbinder, zum Schützen und Erhalten. An Gebrauchsgegenständen ist das Wachs nicht nur pflegendes und konservierendes Mittel, sondern es dient auch als »Nahrung« des Grundmaterials, die verhindert, daß es spröde wird und zerfällt. Zubereitet wird es für die Möbelpflege, indem man 1 Teil Wachs und 3 Teile Terpentinöl miteinander verschmilzt. Da diese Mischung feuergefährlich ist, muß sie vorsichtig im Wasserbad auf der Herdplatte erhitzt werden. Für die Beigaben von Materialien in die Grundlösung gibt es viele Möglichkeiten: Mit öllöslichen Anilinfarben kann das Wachs eingefärbt, mit Karnaubawachs die Härte verstärkt, mit Paraffin die Elastizität vergrößert werden. Ein Wachs, das auf eine Politur aufgetragen wird, muß, um nicht zu schmieren, stärker aushärten können als ein Wachs, das man für einen Tannenholzschrank verwendet. Im Handel werden heute sehr gute Bienenwachslösungen angeboten, aber man sollte sie trotzdem vor der ersten Verwendung an einem Probestück ausprobieren. Der Auftrag des Wachses muß so dünn und gleichmäßig wie möglich mit einem Lappen oder Pinsel geschehen. Die Wachsschicht benötigt viele Stunden zum Aushärten, denn die Öle verharzen sehr langsam. Dieser Prozeß ist abgeschlossen, wenn beim Polieren mit Bürste oder Wollappen keine Schlieren mehr entstehen.

32 Die Pigmente und das Malwerkzeug

33 Die Werkzeuge zur Vergoldung

34 Das Grundmaterial zur Herstellung von Schellack und Wachsen

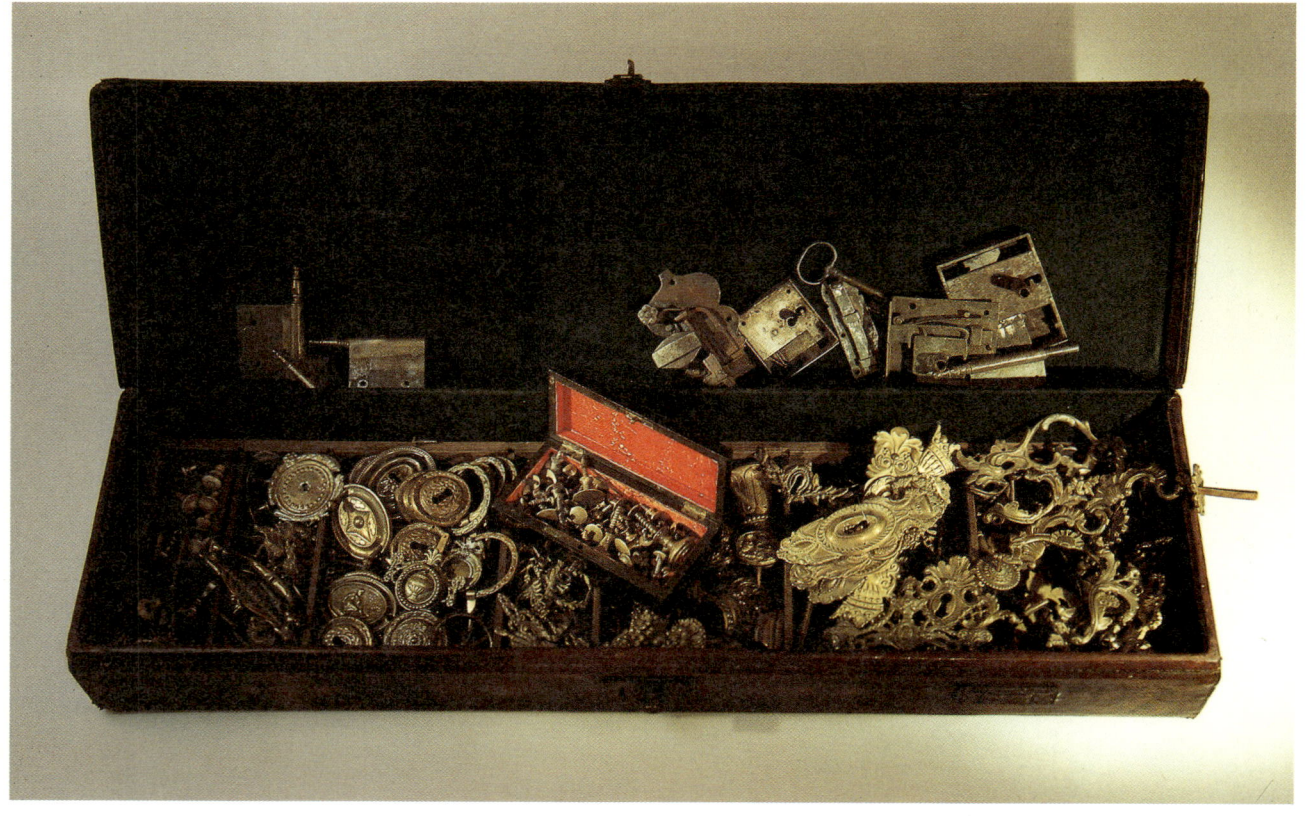

35 Die Beschläge und Schlösser

36 Beschläge (Zierbänder) und Schloß an der Innungstruhe der vereinigten Gewerbe zu Admont. Admont, um 1660
Graz, Landesmuseum Joanneum ▷

Die Beschläge und Schlösser
(Abb. 35, 36)

Die vorrangige Funktion von Gegenständen aus Holz, der Aufbewahrung oder Sicherung von Eigentum zu dienen, wird meistens erst durch Beschläge ermöglicht. Die einzeln gefertigten Holzteile werden durch sie verbunden, verstärkt oder versperrt. Eine Truhe wird beispielsweise durch Bänder zusammengehalten, eine Tür muß sich in den Angeln drehen lassen, ein Schubkasten läßt sich durch Griffe leichter bewegen – und auch ein Stadttor wurde mit Eisenplatten beschlagen, um größere Sicherheit zu gewährleisten. Beschläge werden aus verschiedenen Metallen, wie Eisen, Kupfer, Messing oder Bronze hergestellt; manchmal sind sie vergoldet oder versilbert. An der Art der Herstellung und der Ausschmückung eines Beschlages kann man deutlich Alter und Stilrichtung bestimmen. An Bauernmöbeln findet man meist einfache Beschläge, denn ihre Herstellung war teuer und arbeitsaufwendig. Manchmal allerdings trifft man auch vorzügliche Schmiedearbeiten an ländlichen Möbeln an, die auf das Können dieses Berufszweiges hinweisen. Hauptsächlich sind hier Bänder und Angeln für die Beweglichkeit der Türen, Kastenschlösser und Haken als Verschlüsse verwendet worden. Die Schlüssellöcher wurden meist durch Schlüsselschilder gegen Abnützung gesichert, und an Türen und Schubkästen hat man oft Griffe zum Öffnen befestigt. An alten zu restaurierenden Gegenständen sind die Beschläge häufig nur teilweise erhalten und müssen in der Machart des Originals wieder hergestellt werden. Oft sind die originalen Beschläge auch durch »neue Modelle« bei einer »Restaurierung« ersetzt worden.

Wenn alle Vorlagen an einem Möbel für eine Nachbildung verlorengegangen sind, sieht man an Abdrücken, Farbveränderungen und Nagellöchern manchmal noch Konturen, die auf den ursprünglichen Beschlag hinweisen. Wenn auch diese Bestimmung nicht möglich ist, muß man Fachliteratur heranziehen und eine stilistisch richtige »Neuwahl« eines Beschlages treffen. Das Material muß dem Stil entsprechend ausgewählt werden.

An Bauernmöbeln wurden die Beschläge vor allem aus Eisen, das verzinnt sein kann, oder aus Messing hergestellt. Handelt es sich um das Material Messing, sind die Schlüsselschilder meist aus Blech getrieben, und die Eisenangeln mit dünnem Messingblech ummantelt worden. Die Zierköpfe der Angeln sind aus Messing gedreht oder gegossen, wie auch Griffe und Knöpfe.

Befestigt wurden die einzelnen Beschläge an Möbeln sehr unterschiedlich: Bänder an Schränken und Truhen wurden an dafür vorgesehenen Löchern mit schmiedeeisernen Nägeln durch das Holz genagelt, vorne umgebogen und dann zurückgeschlagen. Außerdem wurden sie mit einem langen Nagel an dem Knick von der Fläche zur Seite fixiert. (Bei Restaurierungen ist es manchmal besser, solche Nägel nicht zu ziehen, um die Fassung nicht zu verletzen.) Schlösser wurden meist gleichfalls mit schmiedeeisernen Nägeln befestigt, später mit Schrauben. Angeln wurden oft eingefitscht, indem in Seite und Tür an der richtigen Stelle mit dem Fitscheisen ein schmaler Spalt geschlagen wurde, in den man den Beschlag hineingeklopft hat. Danach wurde er mit zwei Eisenstiften gegen das Verschieben gesichert. Schlüsselschilder sind mit Nägeln des entsprechenden Materials befestigt worden, genauso wie die Schilder der Schubkastenzüge. Die Züge wurden mit Metallschlaufen, die durch Beschlag und Schubkastenfront gezogen und dort mit den umgebogenen, angespitzten Enden in die Rückseite der Front geschlagen worden sind, angebracht. Beim Säubern von Metallteilen ist darauf zu achten, daß diese nicht verkratzt und ihrer Patina beraubt werden.

Restaurieren von Fehlstellen
(Abb. 37–39)

Für das Restaurieren von Fehlstellen gilt allgemein, daß alle neu eingeleimten Holzteile in der Länge, Breite und Höhe etwas größer hergestellt und nach dem Trocknungsprozeß in die richtige Form gebracht werden.

Die Ergänzung eines Zinkens wird auf den Seiten 52, 53 (Abb. 61–63) ausführlich beschrieben.

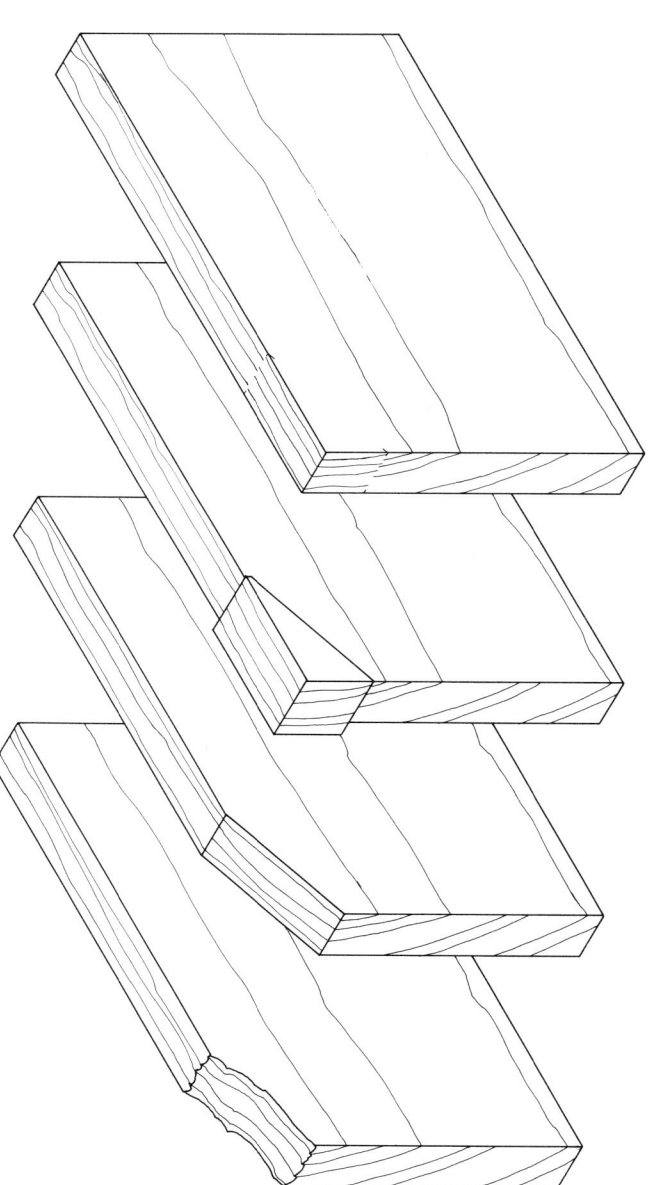

37 Bei schräg abgesplitterten Kanten hobelt man eine neue Fläche an und leimt einen in Form und Maserung passenden Klotz auf.

38 Bei Brüchen, an denen ein Stoß entsteht, muß das eingesetzte Stück die Form auch dort aufnehmen.

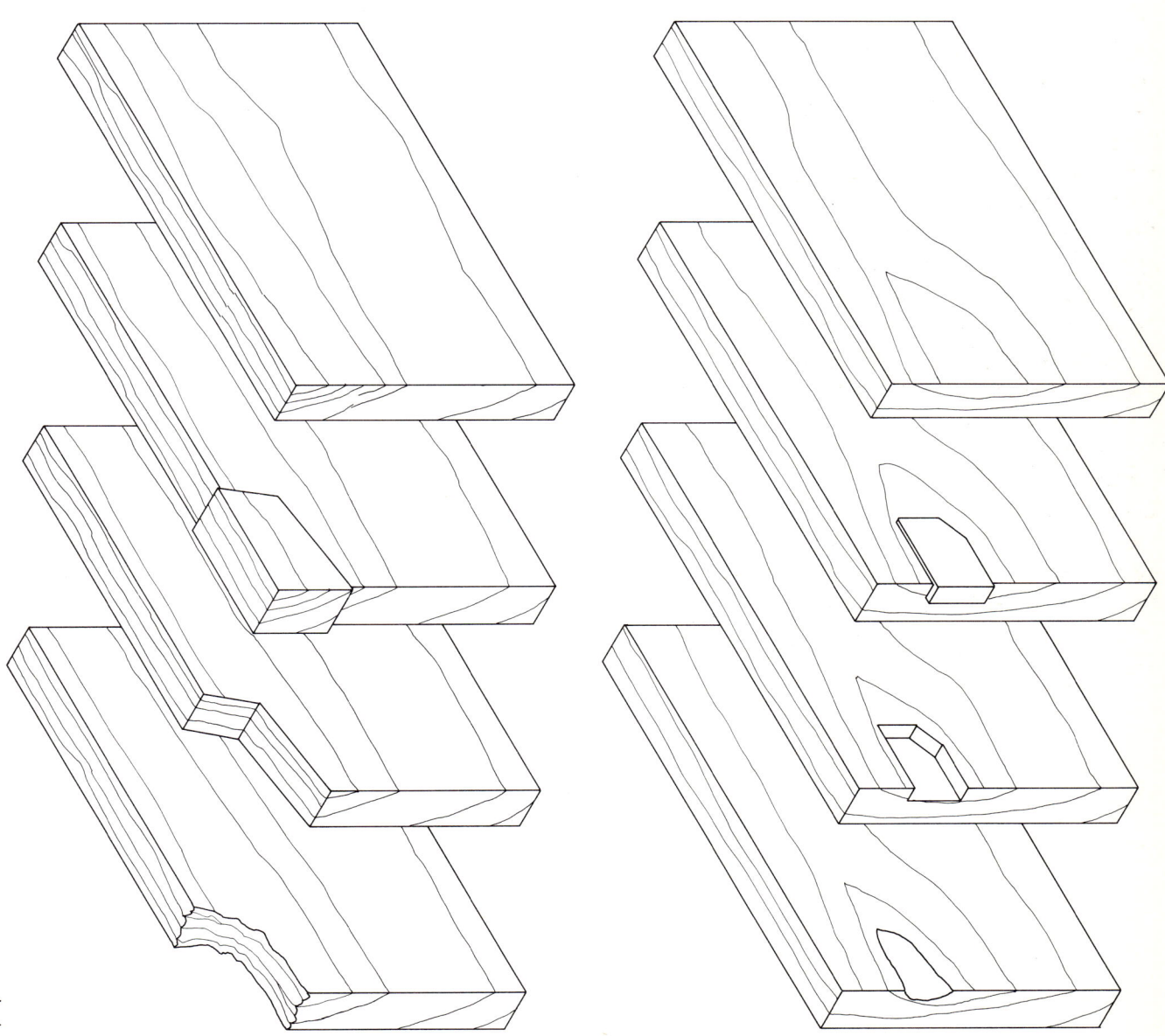

39 Bei Absplitterungen bis zur Hälfte der Materialstärke wird der Bruch ausgestemmt, und ein passendes Klötzchen eingeleimt. ▷

BEISPIELE

KOMMODE (Abb. 41, 42)

Entstanden im süddeutschen Raum, um 1790

Konstruktion (Abb. 40, 43)

Der Korpus mit seinen drei Schubkästen ist aus Tannenholz gefertigt. Die Grundflächen sind in sich stumpf verleimt, nach dem Prinzip »Kern an Kern und Splint an Splint«, um dem »Sich-Werfen« vorzubeugen.

Der Korpus (Abb. 44)

Die Deckplatte, der Boden und die Schubleisten samt ihren Vorderstücken sind in die unten geschweiften Seiten eingegratet (nicht verleimt). In die vorne und an den Seiten geschweifte Deckplatte ist die Rückwand in einer Nut eingeschoben (nicht verleimt). An den Seiten und am Boden ist die Rückwand stumpf aufgeleimt und mit Holznägeln gesichert. Die geschweifte Sockelzarge ist auch auf den Boden stumpf aufgeleimt. Die fehlenden Sockelzargenfortsätze, die mit einer Gehrung die Sockelzarge aufnehmen und den Fuß bilden sollten, waren an den Seiten und der Gehrung verleimt.

Grundelemente des Korpus

Eine Deckplatte, zwei Seiten, ein Boden, eine Sockelzarge mit Fußfortsätzen, vier Laufleisten mit Vorderstücken, eine Rückwand, Holznägel.

40 Ansicht der Kommode von »Schräg-oben«

*41   Die Kommode vor der
Restaurierung (Frontansicht)*

42 Die Kommode nach der Restaurierung (Frontansicht)

43 Rückansicht der Kommode
ohne Rückwand

44 Explosionszeichnung der
Kommode von »Schräg-unten«

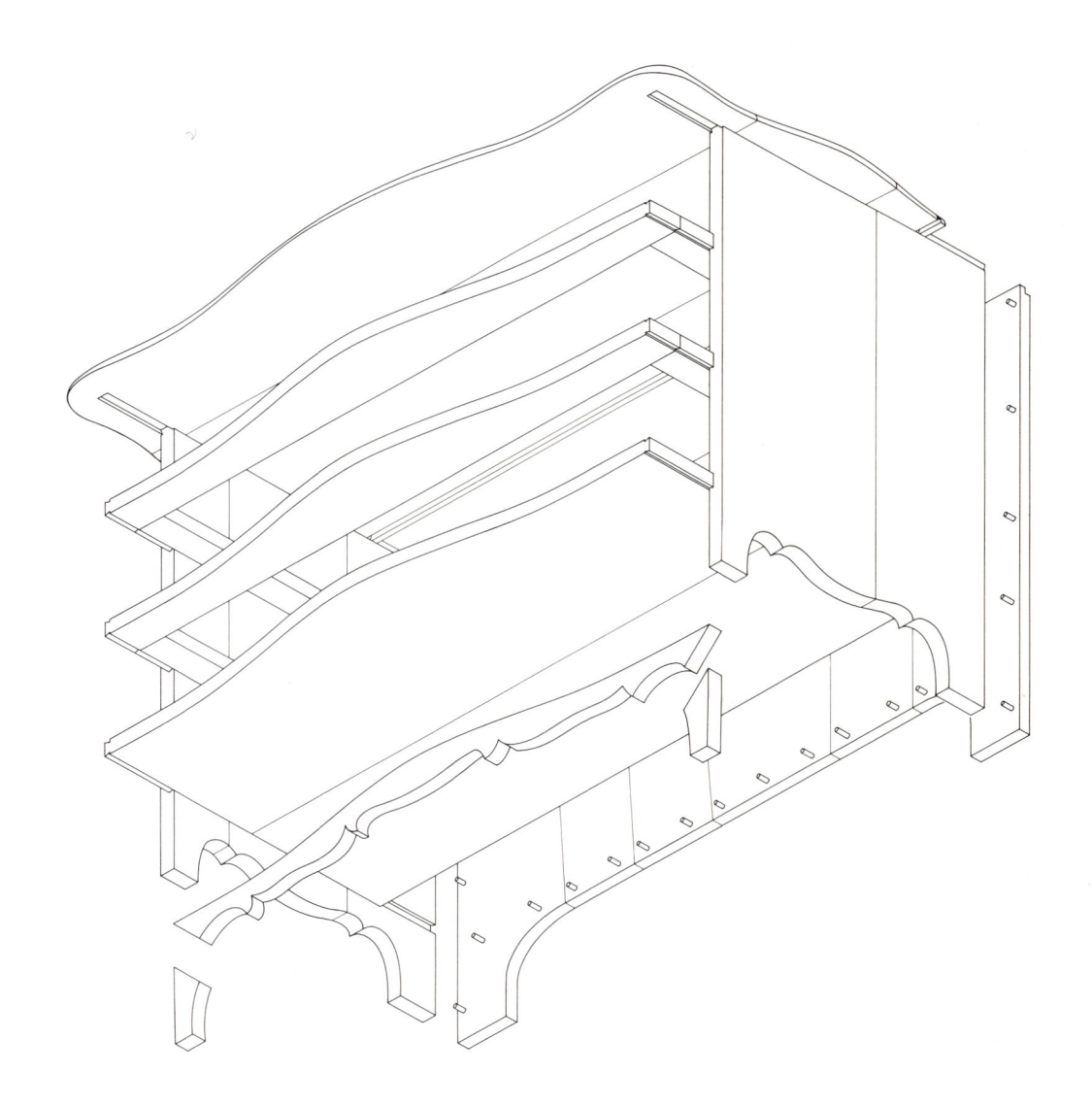

Die Schubkästen (Abb. 45)

In die geschweifte Front sind die Seiten verdeckt eingezinkt. An der Rückseite ist der Schubkasten einfach gezinkt. Der Boden ist stumpf aufgeleimt und mit Holznägeln fixiert. Das geschweifte Frontteil wurde als Block vierlagig verleimt und dann auf der Bandsäge ausgeschnitten.

Grundelemente der Schubkästen

Eine Schubkastenfront, zwei Seiten, ein Rückteil, ein Boden, Holznägel.

Befund des Holzes
(Alle Angaben vom Objekt aus gesehen)

Die Deckplatte (Abb. 46, 47)

An der hinteren linken Ecke ist ein ca. 10 cm breites Stück schräg nach hinten unregelmäßig ausgebrochen. Am Profil, das aus der massiven Platte herausgearbeitet ist, sind vor dem Bruch zwei tiefe Kerben. Sie sehen aus, als ob dort eine grobe Raspel ausprobiert worden wäre (Mausverbiß). Der Bruchstelle zum hinteren Rand folgend, ist die Kante stark verwurmt und teilweise bis zur Mitte ausgebröselt. Die Leimfuge, die die beiden Bretter, aus denen die Platte gefertigt ist, zusammenhielt, klafft auf. Etwas vor der vorderen rechten Ecke ist aus dem Profil ein 10 cm langes Stück bis auf den Grat, der Platte und Seiten verbindet, herausgebrochen. Drei Viertel dieses Stücks hängen noch lose im Grat, der Rest fehlt. Vorne in der Mitte ist das Profil durch den Riegel des Kastenschlosses in einer Breite von 2 cm tief ausgestoßen. In der Deckfläche sind noch einige fingernagelgroße Löcher durch unsachgemäße Behandlung eingeschlagen.

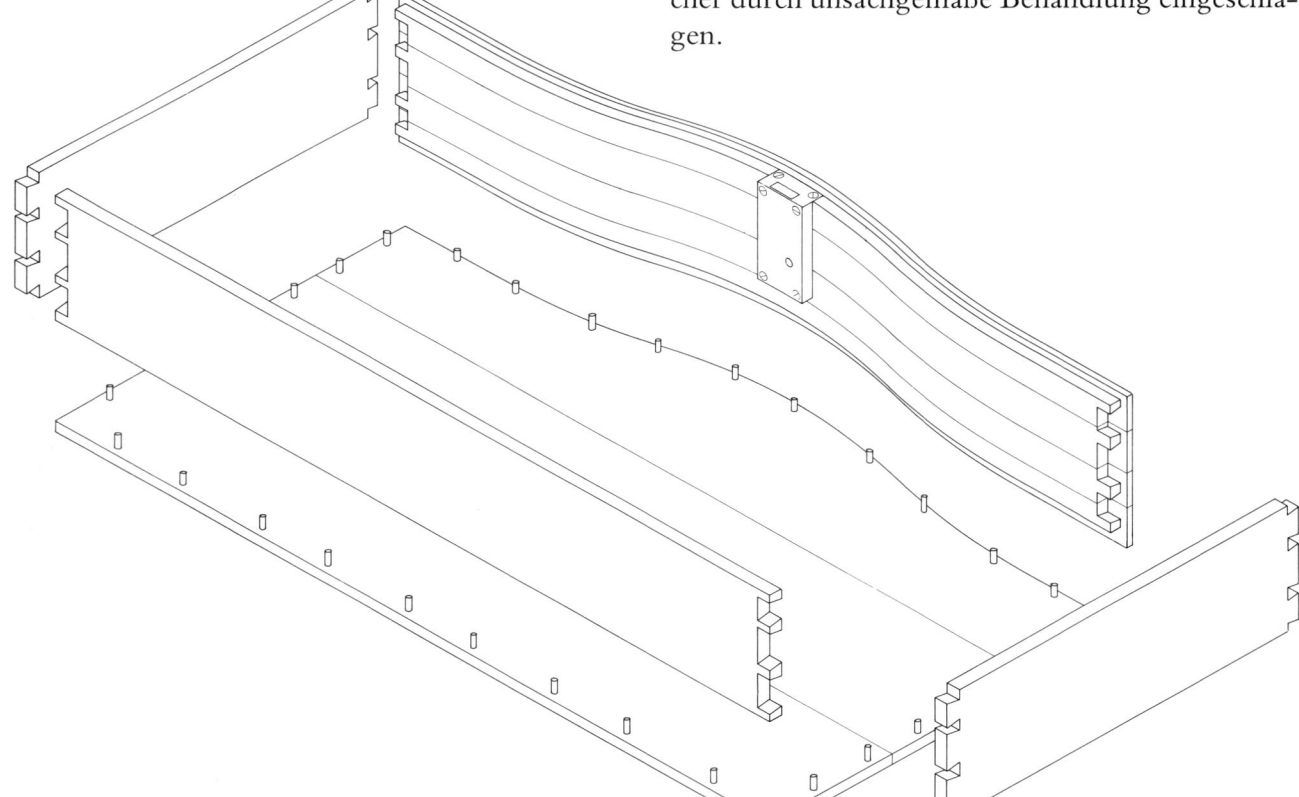

45 *Explosionszeichnung des Schubkastens*

46 Der Befund des Zustandes der linken hinteren Ecke der Deckplatte

47 Der Befund des Zustandes der rechten vorderen Ecke der Deckplatte

Die rechte Seite (Abb. 48, 49)

Sie ist stark verwurmt und unten an der Schweifung, die dann die Füße bildet, etwas morsch und zerbröselt. 10 cm vor der vorderen Kante hat sich unten ein 15 mm breiter Riß entlang der Leimfuge gebildet, der sich in Richtung Deckplatte wieder langsam schließt. Zur Unterstützung des Vorderfußes wurde ein Brett hinternagelt. An der Front der Seite ist ein 5 cm langes Stück locker, das von Wurmgängen eines Hausbockes unterhöhlt ist und nur noch Papierstärke aufweist.

Die linke Seite (Abb. 50)

Sie ist stark verwurmt und unten ebenso ausgebröselt und morsch wie die rechte. Am vorderen Fuß ist, da schon 2 Zentimeter seiner Länge fehlten, ein Fichtenklotz mit 50er Baunägeln grob befestigt worden. Am hinteren Fuß ist innen ein 15 cm langer Splitter schräg, von außen kaum sichtbar, ausgebrochen. In der Mitte der Seite läuft ein etwa 1 cm breiter Riß entlang einer Leimfuge.

Der Boden

Außer ein paar kleinen Schwundrissen ist der Boden gut erhalten.

Die Sockelzarge (Abb. 51)

Links neben dem Mittelschwung ist die erste »Nase« abgebrochen und fehlt. Rechts und links fehlen die den Fuß bildenden Sockelzargenfortsätze.

Die Laufleisten und deren Vorderstücke

Alle vier Laufleisten sind durch das Hin- und Herschieben der Schubkästen leicht durchgescheuert. Die Vorderstücke sind in der Mitte durch die Riegel der Kastenschlösser stark ausgestoßen. Am oberen Vorderstück findet man an der linken Seite, ganz unten, eine noch festhängende Absplitterung.

48 Der Befund des Zustandes der rechten Seite

49 Detail von Abb. 48

50 Der Befund des Zustandes der linken Seite (Detail linker vorderer Fuß)

51 Der Befund des Zustandes der Sockelzarge

Die Rückwand (Abb. 52)

Sie ist leicht verwurmt und an dem Teil, wo sie den Fuß bildet, morsch und bröselig. Die einst aus sechs Stücken verleimte Rückwand hat sich, durch Feuchtigkeit und Schwinden, wieder in sechs einzelne Bretter zerlegt. Zwischen jedem Brett entstand eine Fuge von 3 mm. Auch die Leimfugen, die Rückwand und Seiten sowie Rückwand und Boden verbunden haben, sind gelöst. Wenige verwurmte Holznägel hindern die Rückwand am völligen Herausfallen.

Der obere Schubkasten (Abb. 53, 54)

Die obere vorstehende Kante an der Front, die über die Schubleiste übergreifen soll, ist rechts in einer Länge von 27 cm ausgebrochen. An der Ecke reicht der Bruch sogar die letzten 15 cm in das Vollholz des Schubladenvorderstückes. In der Mitte über dem Schloß ist die Deckleiste 20 cm lang schräg nach vorne abgebrochen. An der linken oberen Ecke fehlt ein 7 cm langes Stück. Der auf dem Schubkasten aufgeleimte Boden ist rechts wie links ebenfalls ausgebrochen und hat sich zusätzlich durch Schwinden in einer Länge von 30 cm auf beiden Seiten um 2 mm von der Front zurückgezogen. Darüber ist die erste Lage der Schichtverleimung der Front durch Zersetzung des Leimes aufgesprungen und an der unteren rechten Ecke 7 cm abgesplittert. Die Seiten, das Rückteil und der Boden sind weitgehend in Ordnung.

Der mittlere Schubkasten

Die oben an der Front vorstehende Deckkante fehlt vollständig. An der oberen rechten Ecke ist ein doppelt handtellergroßes Stück herausgebrochen. Die untere Kante der Front weist die gleichen Mängel wie diejenige des oberen Schubkastens auf. An der rechten oberen Kante des Rückteiles befindet sich eine fünfmarkstückgroße Bißstelle von Mäusen; 20 cm weiter eine 15 cm lange und 1 cm tiefe Absplitterung nach innen.

Der untere Schubkasten

Auch hier ist die Deckkante stark beschädigt. Auf der rechten Seite ist die Ecke ausgefranst und morsch. In der Mitte, beim Schloßbereich, finden sich innen leichte Absplitterungen. Links ist die Kante 15 cm tief ins Vollholz ausgebrochen. Der Bodenteil der Front ist auf gleiche Art wie der obere und mittlere Schubkasten beschädigt. Auf der linken Seite der Front ist die Schichtverleimung der Front aufgeplatzt. Im Boden hinter der linken Front klafft ein 30 cm langer Riß mit starken Fraßstellen. Rückteil und linke Seite sind in Ordnung. Die rechte Seite fehlt durch Schädlingsbefall bis zur Hälfte.

52 Der Befund des Zustandes der Rückwand

53 Der Befund des Zustandes der Schubkästen (die aufgeplatzte Stärke der Front bei den verdeckten Zinken ist deutlich zu sehen)

54 Der Befund des Zustandes der Schubkästen (Detail Front-Seite)

Schlösser und Beschläge (Abb. 55)

Drei Kastenschlösser versperren die Schubkästen, und zwar nach oben in die zwei Vorderstücke der Laufleisten und beim obersten Schubkasten in die Platte. An den Schubkästen sind sie innen mit je vier schmiedeeisernen Nägeln befestigt. Alle drei Schlösser sind nicht gangbar und stark verrostet. Die Schlüssel fehlen. Drei Schlüsselschilder und sechs Züge zieren die Front der Kommode. Die Rosetten der Schübe und die Schlüsselschilder sind aus Messingblech getrieben. Die Griffe der Züge sind aus Messingguß, befestigt sind sie mit je zwei Messingschlaufen, die die Züge umgreifen und dann durch die Rosetten nach hinten durch das Schubkastenvorderstück gezogen sind. Dort sind sie umgebogen und ins Holz der Vorderfront geschlagen. Der komplette obere linke Zug und das Schlüsselschild des oberen Schubkastens fehlen. Am unteren Schild sind oben die beiden Schleifen abgebrochen.

Um an der Kommode arbeiten zu können, müssen alle Schlösser und Beschläge abgenommen werden. Für diesen Arbeitsgang wird ein Nagelzieher benötigt, mit dem man die Nägel aus Schlössern und Beschlägen entfernt. Bei den in die Vorderfront genagelten Schlüsselschildern muß ein Spachtel zwischen Beschlag und Bemalung geschoben werden, um die Farbe nicht zu beschädigen. Dann können die Nägel mit dem Nagelzieher herausgezogen werden. Um die Züge abnehmen zu können, muß man die Messingschlaufen, die umgebogen in die Innenseiten geschlagen sind, mit einem Schraubenzieher zurück- sowie mit einer Flachzange geradebiegen. Jetzt lassen sich die Schlaufen mit einem kleinen Hammer leicht zurückklopfen, und der Beschlag kann abgenommen werden. (Es ist zweckmäßig, die Beschläge zu numerieren und sie zusammen mit den Schlössern und den schmiedeeisernen Nägeln später in einem Gefäß aufzubewahren, um kein Teil zu verlieren.) Die Schlösser und Nägel werden mit einer Drahtbürste gesäubert und in ein Bad aus Petroleum gegeben. Nach ca. einer Woche hat sich der Rost weitgehend neutralisiert und gelöst. Die Schlösser werden darauf in Sägemehl gelegt, damit das überflüssige Petroleum aufgesaugt wird. Jetzt können die Schlösser einem Schmied zur Reparatur und zum Anfertigen der neuen Schlüssel übergeben werden. Die Restaurierung und Ergänzung der Beschläge übernimmt der Gürtler. Dafür benötigt er den besterhaltenen Beschlag als Modell: nach diesem wird die Gußform für den Rohling hergestellt. Die Schlösser und Beschläge sollten schon möglichst bald nach ihrem Ausbau zur Restaurierung gebracht werden, damit sie rechtzeitig fertig sind, wenn die Holzarbeiten abgeschlossen sind.

Restaurierung des Holzes

Zunächst wäscht man die ganze Kommode und die Schubkästen mit warmem Wasser aus. Die bemalten Außenflächen werden nicht abgewaschen, da der aufliegende Schmutz die Malerei bei den späteren Leimarbeiten noch schützt. Nun können die Holzarbeiten ihren Anfang nehmen. Man beginnt mit dem kleinsten einzelnen Teil – in diesem Fall mit den Schubkästen –, um sich mit dem Möbel langsam vertraut zu machen.

Der untere Schubkasten (Abb. 56–64)

Die rechte, zur Hälfte fehlende Seite des Schubkastens muß ausgebaut und ergänzt werden. Dazu werden kleine Keilchen vorsichtig zwischen Boden und Seite getrieben, so weit, bis man mit einem Eisensägeblatt in den entstandenen Spalt fahren kann. Nun können die Holznägel, die Boden und Seiten verbinden, durchgesägt werden. Mit einem Hammer läßt sich die Seite aus den Zinken klopfen. Um dabei das Holz nicht zu beschädigen, sollte man eine Zulage verwenden, auf die man beim Herausklopfen schlägt. Die linke Seite wird genauso wie die rechte Seite ausgebaut.

Jetzt sind die Front und das Rückteil nur noch mit dem Boden verbunden und an den Seiten frei. Die Schichtverleimung, die durch Zersetzung des Leimes teilweise aufgeplatzt ist, läßt sich, nachdem sie nicht mehr von den Schwalben der Seiten blockiert ist, gut mit Keilchen auseinandertreiben. Die entstandenen Fugen werden von altem Leim und Schmutz gereinigt und mit einem groben Schleif-

55 *Die Schlösser und Beschläge in ergänztem Zustand*

56 *Die verwurmte rechte Seite des unteren Schubkastens wurde ausgebaut.*

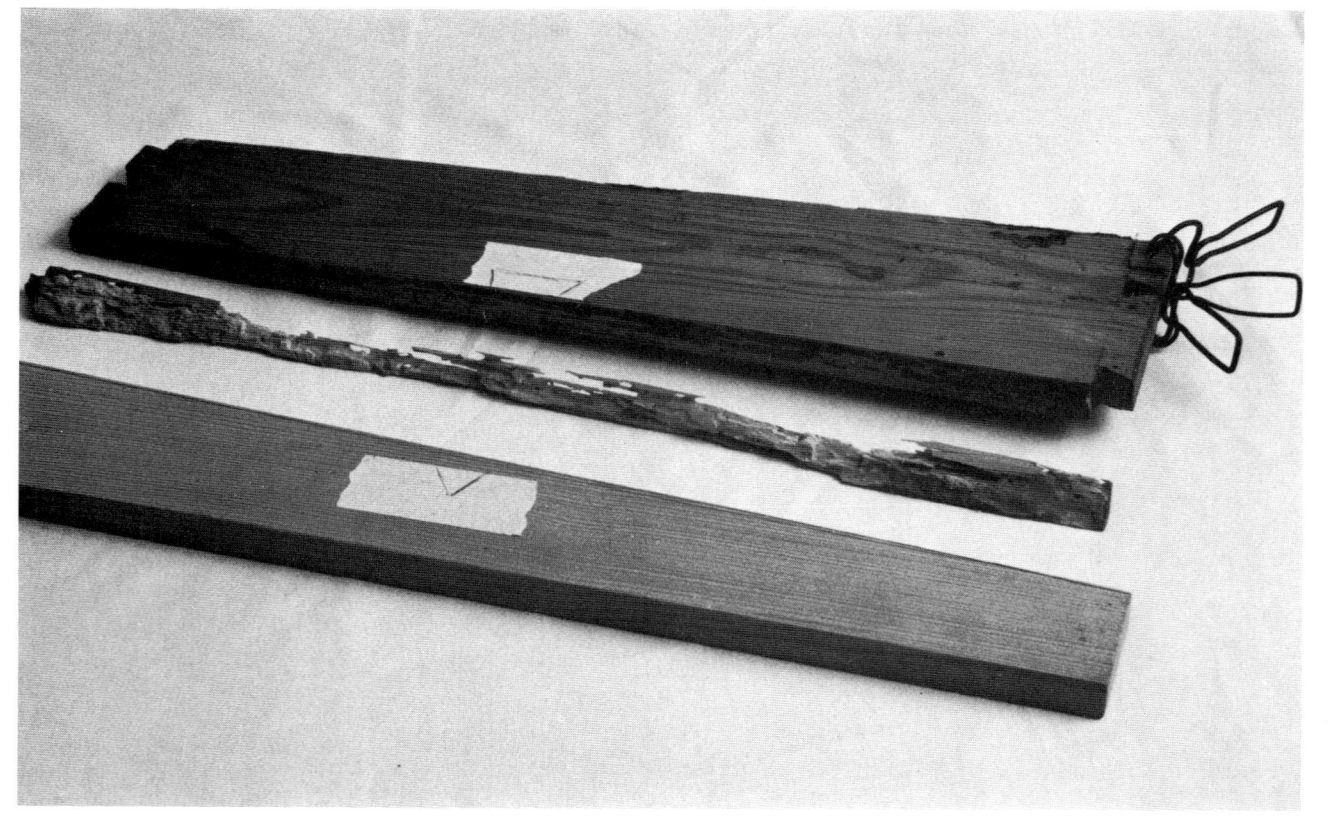

57   Die Schichtverleimung der Front des Schubkastens wird mit Keilchen auseinandergetrieben und gesäubert. Nun kann mit dem Verleimen begonnen werden.

58   Die Front des Schubkastens wird neu verleimt.

59   Die rechte Seite des Schubkastens wird mit einer neuen Kante versehen, fixiert, und ein passendes Stück Holz hergerichtet.

60   Das neu zugeschnittene Teil
wird mit dem Rest der rechten Seite
verleimt.

papier aufgerauht, um dem neuen Leim eine bessere Haftfähigkeit zu verleihen. Danach werden Zwingen, Zulagen und Plastikfolie für die Leimung zurechtgelegt, und dieser Arbeitsvorgang als Probe ohne Leim durchgeführt. Daran sieht man, ob sich alle Teile in ihre richtige Position bringen lassen. Ist dieser Test positiv verlaufen, kann verleimt werden. Der Leim wird mit dem Pinsel und einem Leimspachtel aufgetragen. Mit Holzzwingen werden die einzelnen Schichten der Frontverleimung zusammengezogen. (Man benötigt dazu keine Zulagen, da die Holzzwingen an ihren Druckpunkten mit Kork belegt sind und keine Druckstellen hinterlassen.) Der aus den Fugen gequollene Leim wird sofort mit warmem Wasser oben und unten weggewischt, und die Deckfläche mit einem Lappen getrocknet. Danach wird Leim in die bei den Zinken aufgeplatzte Stärke der Front angegeben. Diese Beschädigung ist durch das gewaltsame Zurückschieben der Schubkästen entstanden (deutlich zu sehen an Abb. 53). Überflüssiger Leim wird weggewischt, und auf die zu leimende Frontfläche eine vorher zugeschnittene Plastikfolie gelegt, damit Werkstück und Zulagen nicht verkleben. Als erste Zulage dient eine vorher zugeschnittene Hartfaserplatte, die sich mit der Schweifung mitbiegen kann – auf diese werden wiederum schmale Klötze aus Hartholz gelegt; es entsteht ein »Zulagensandwich«. Um unten keine Druckstellen zu hinterlassen, wird dort auch eine Zulage verwendet.

Beim Ansetzen der Zwingen beginnt man von innen nach außen, um den überflüssigen Leim in Richtung der Zinken herauszudrücken. Die schmalen Zulagen verteilen den Druck der Zwingen gut auf der Hartfaserplatte. Alle Zulagen sind erwärmt worden, um das Erkalten des Leimes zu verzögern. Leim, der durch das Pressen ausgetreten ist, wird weggewischt, und das Werkstück muß bis zur Weiterverarbeitung 8 Stunden trocknen. Nach dem Abspannen der Zwingen wischt man die Leimreste, die zwischen Bemalung und Plastikfolie während des Leimvorgangs ausgetreten sind, mit einem Lappen und warmem Wasser ab. Das muß vorsichtig geschehen, damit die Bemalung weder beschädigt noch zerrieben wird.

Im nächsten Arbeitsschritt ergänzt man die Seiten. An der rechten Seite, die stark verwurmt ist und knapp zur Hälfte fehlt, schneidet man entlang des Bruches so viel verwurmtes Holz weg, bis wieder eine Kante entsteht. Diese wird mit ein paar Hobelstößen geglättet. Sie ist jetzt plan, aber wie das ganze Seitenteil mit Wurmgängen stark durchzogen, aus denen das Wurmmehl noch nicht herausgerieselt ist. Um das Brett haltbar zu machen, reibt man es mit Knochenleimwasser ab. Danach spachtelt man in Fugen und Löcher einen aus Sägemehl und Knochenleimwasser hergestellten Kitt warm ein und wischt den überflüssigen Kitt weg. Diese Methode härtet das Brett bis zum nächsten Tag gut durch. Den fehlenden Teil der Seite richtet man großzügig aus altem Material her. Das erleichtert das Leimen sehr, da sich das neue Seitenstück auf dem alten mit der Leimschicht dazwischen leicht verschiebt. Außerdem läßt sich das Brett danach auch viel besser auf seine Maße zuschneiden. Vor dem Leimen zahnt man beide Kanten an, um die Leimfläche zu vergrößern. Dann stellt man beide Bretter auf den Ofen, damit sie sich erwärmen, gibt Leim an, fügt beide Teile zusammen und preßt sie mit Klemmen aneinander. Der überflüssige Leim wird abgewischt, und die Seite zum Trocknen gestellt. Nach dem Abspannen der Klemmen schneidet man die Überstände der Länge entsprechend dem vorhandenen Originalstück ab.

Die Seite wird jetzt eingepaßt, indem man sie leicht mit den noch vorhandenen Schwalben in die Zinken der Front und der Rückwand drückt. So lassen sich die Zinken mit einer Anreißnadel einfach auf das neue Stück übertragen. Nach diesem Anriß werden die Schwalben gesägt und gestemmt, und die Seite kann zur Probe eingebaut werden. Um die Breite des Seitenteiles in das richtige Maß zu bringen, wird sie nach dem Front- und Rückteil angezeichnet, dann geschnitten und mit dem Hobel etwas gerundet. Auf der anderen Schubkastenseite leimt man auf einen zur Hälfte fehlenden Schwalben ein in der Form passendes Klötzchen auf, das nach dem Trocknungsprozeß mit der Feinsäge und dem Stemmeisen in die richtige Form gebracht wird.

61 *Für einen zur Hälfte fehlenden Zinken wird ein Stück Holz passend zugeschnitten.*

62   Der entstandene Bruch wird mit dem Stemmeisen eben geschnitten und angezahnt.

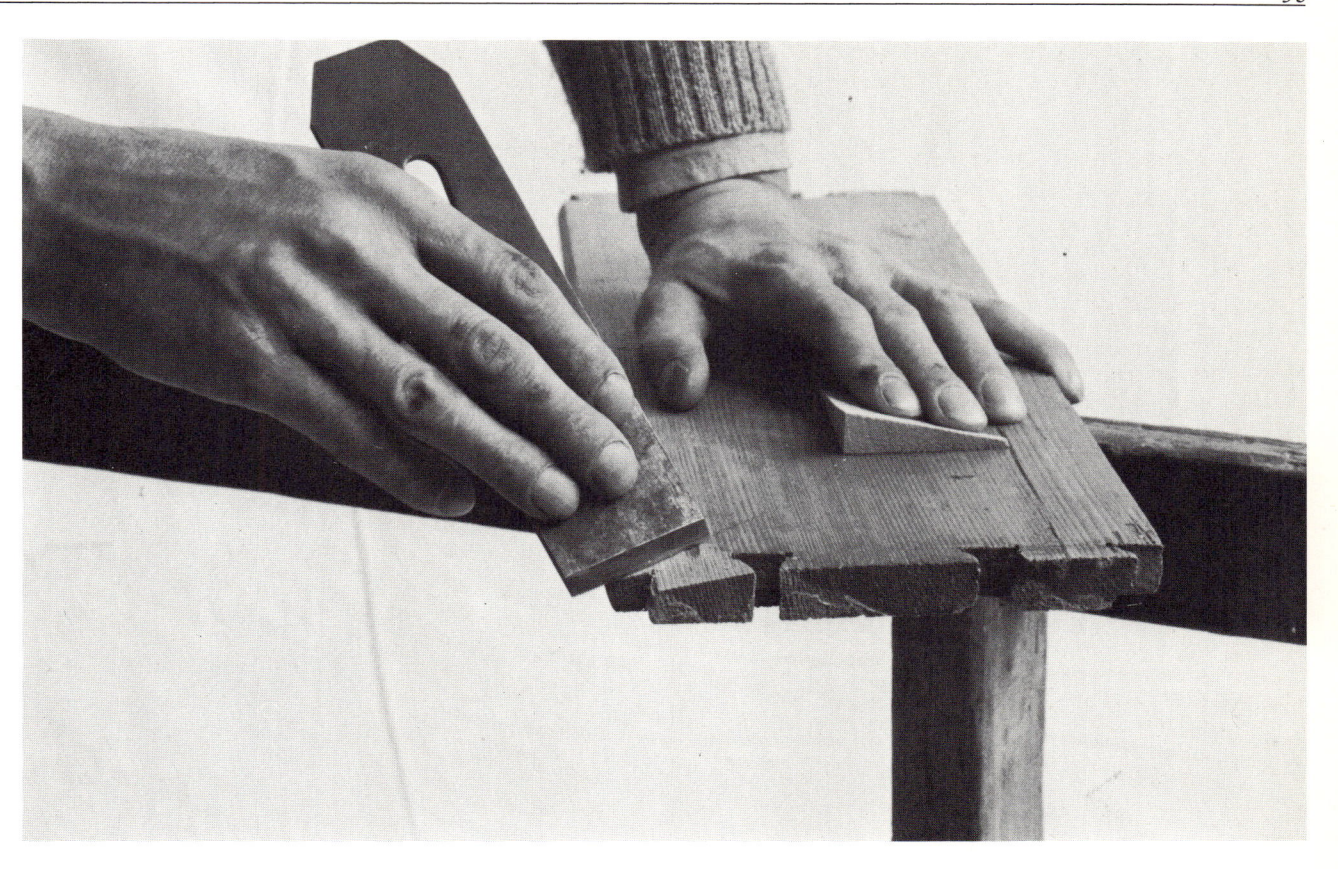

63   Nachdem Leim angegeben wurde, wird das neue Teil mit Klammern festgespannt.

64 Die Seiten werden nacheinander in den Schubkasten eingeleimt.

Die Seiten werden jetzt einzeln verleimt. Dazu wärmt man sie vor, gibt Leim an und spannt sie passend mit Klemmen und Zwingen fest. An dem jetzt in seiner Konstruktion wieder hergestellten Schubkasten werden die ausgebrochenen Stellen der Front ausgebessert.

Der mittlere Schubkasten (Abb. 65–73)

Zuerst werden die Seiten, nachdem sie vom Boden getrennt worden sind, aus den Zinken herausgeklopft. Die Front, die auf beiden Seiten bei den Zinken ausgebrochen ist, wird in der Stärke (s. Abb. 53) verleimt. Nach dem Trocknen wird die Schichtverleimung zusammen mit der Front-Bodenverleimung durchgeführt. Dazu muß zwischen Rückteil und Front eine Leiste gespreizt werden, da die Zwingen ein nicht zu unterschätzendes Gewicht haben. Die linke Seite wird an den hinteren Schwalben um die 2 Millimeter ausgeglichen, um welche die Schichtverleimung der Front korrigiert wurde, da sich der Boden durch Schwinden (wie im Befund beschrieben) zurückgezogen hat. Die Seite wird eingebaut und verleimt und gibt dann ausreichend Stabilität, um an der anderen Seite, dem Rückteil und der Front restaurieren zu können. Den durch Mausverbiß geschwächten Zinken des Rückteiles zeichnet man an, um den Aufriß nicht zu verlieren. Mit möglichst wenig Verschnitt schneidet man ihn schräg ab und leimt ein in Form und Maserung passendes Klötzchen auf, das später eben geschnitten und mit einem neuen Zinken versehen wird.

Der doppelt handtellergroße Bruch in der Front wird zuerst mit dem Falzhobel in der Breite der Front geglättet und dann in der Schräge mit dem Putzhobel und einem breiten Stemmeisen im rechten Winkel zur Kante geputzt. Dabei muß darauf geachtet werden, daß möglichst wenig Originalmaterial verlorengeht. Aus altem Holz wird ein ausreichendes Stück Holz hergerichtet und mit einer Schräge versehen. Dieses Stück wird mit Zwingen an dem eben geschnittenen Bruch der Front festgespannt. Daran sieht man, ob die Fugen dicht sind. Ist das der Fall, zeichnet man den Schwung der Front auf dem neuen Stück nach und schneidet ihn grob mit der Schweifsäge aus.

65 Mit einem Eisensägeblatt wird der Boden von den Seiten getrennt.

66 Die Schichtverleimung wird mit der Front-Bodenverleimung durchgeführt.

67 Die linke Seite wird eingebaut, und der durch Mausverbiß geschwächte Zinken ausgebessert.

68 Der doppelt handtellergroße Bruch wird sparsam eben geschnitten.

69 In den Bruch wird ein neues Teil eingepaßt und eingeleimt.

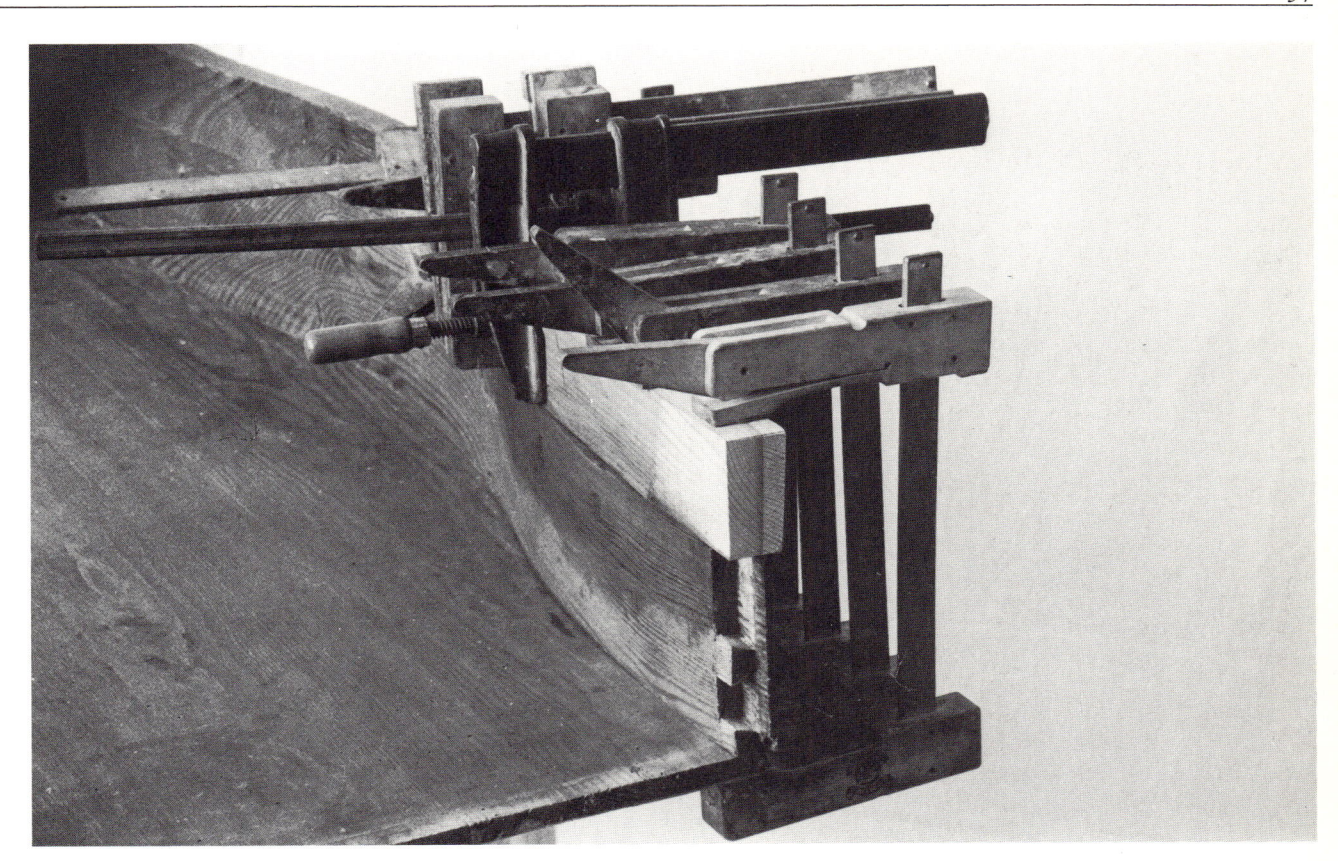

70 Nachdem das neue Teil eben gehobelt wurde, und die Zinken eingeschnitten sind, wird die Seite eingeleimt.

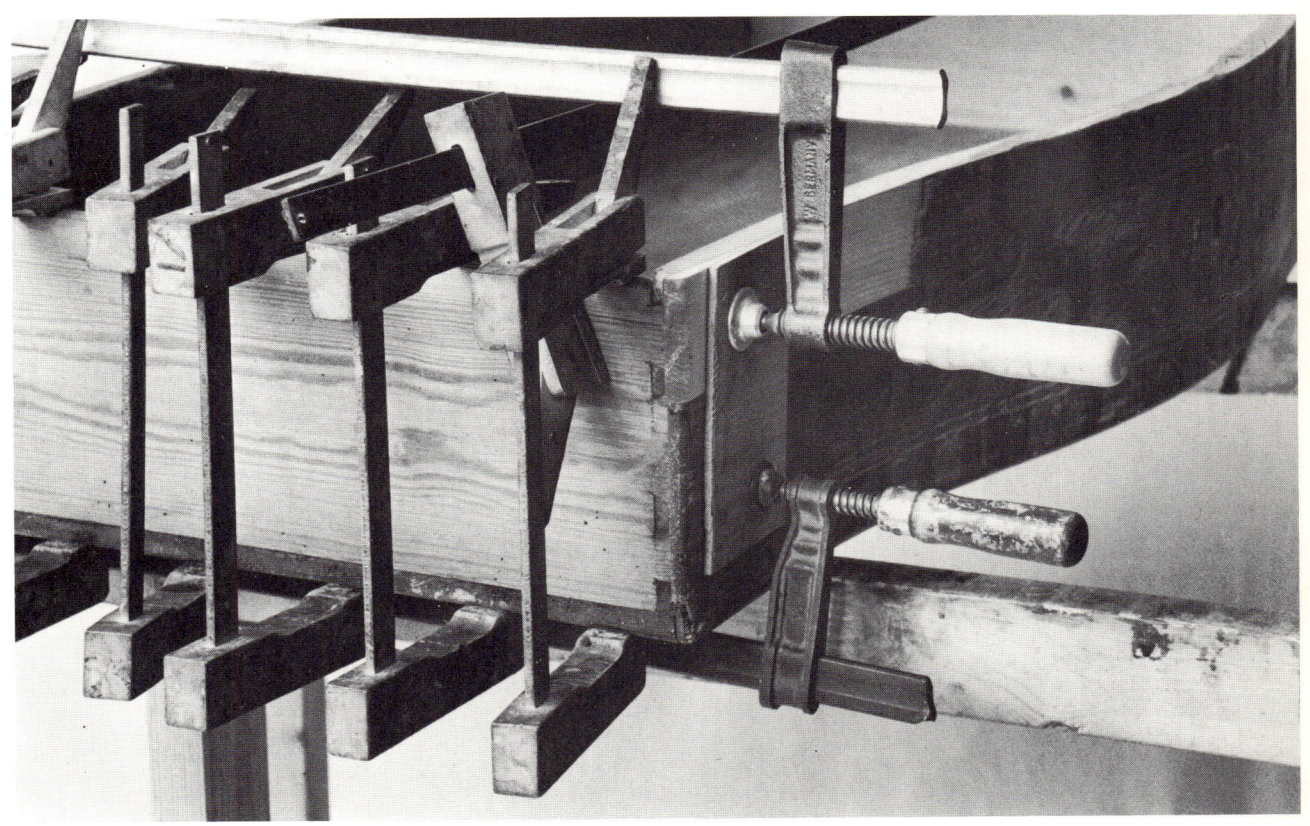

Dann wird das neue Teil angewärmt, eingeleimt und mit Klemmen in der Breite festgespannt. An der keilförmigen Hobelstelle der Schräge wird ein Stück Plastikfolie auf den Stoß von Neu und Alt gelegt; darüber eine Hartfaserplatte, die sich beim Anspannen der Zwingen dem Schwung der Front anpaßt. Nach dem Trocknen wird das neu eingesetzte Stück in der Breite auf das richtige Maß geputzt. Danach wird die Stärke zuerst mit dem Putzhobel bearbeitet. Dort, wo die Schweifung es nicht mehr zuläßt, wird der Rest des neu eingeleimten Stückes mit dem Kanthobel auf das richtige Niveau gebracht. Dabei darf die Bemalung nicht beschädigt werden. Dann wird der Überstand in der Länge abgesetzt, und die Rundung der Außenkante dem vorhandenen Original angepaßt. Die Zinken werden von den Schwalben der Seite auf das eingesetzte Stück übertragen, ausgesägt und dann ausgestemmt. Die Seite wird eingeleimt. Als nächster Arbeitsschritt werden die Holznägel, die beim Ausbau der Seiten durchgesägt worden sind, erneuert. Dazu körnt man die alten Holznagelenden an und bohrt sie in ihrer Originalstärke bis ca. 3 cm in die Seiten durch. Jetzt können die selbst hergestellten, etwas konischen Holznägel mit einem Tropfen Leim eingeschlagen werden. Die hervorstehenden Enden der Holznägel werden mit einer gekröpften Feinsäge abgesetzt und dann mit dem Stemmeisen eben geschnitten. Der Korpus des Schubkastens ist fertig, und die Front kann ausgebessert werden.

Deren fehlende Deckleiste wird nun ergänzt. Dazu legt man den Schubkasten auf ein in der Stärke passendes Brett, fährt den Schwung der Front mit dem Bleistift nach, legt die Breite fest und sägt den Schwung mit dem Schweifblatt auf der Bandsäge aus. Vor dem Aufleimen werden beide Kanten mit dem Zahneisen angezahnt. Nach dem Trocknen hobelt man mit dem Putz- und dann mit dem Kanthobel die Überstände eben, setzt die Länge ab und rundet die Kante ab. Die anderen ausgebrochenen und fehlenden Teile der Front werden ihrer Form nach geschnitten und ergänzt.

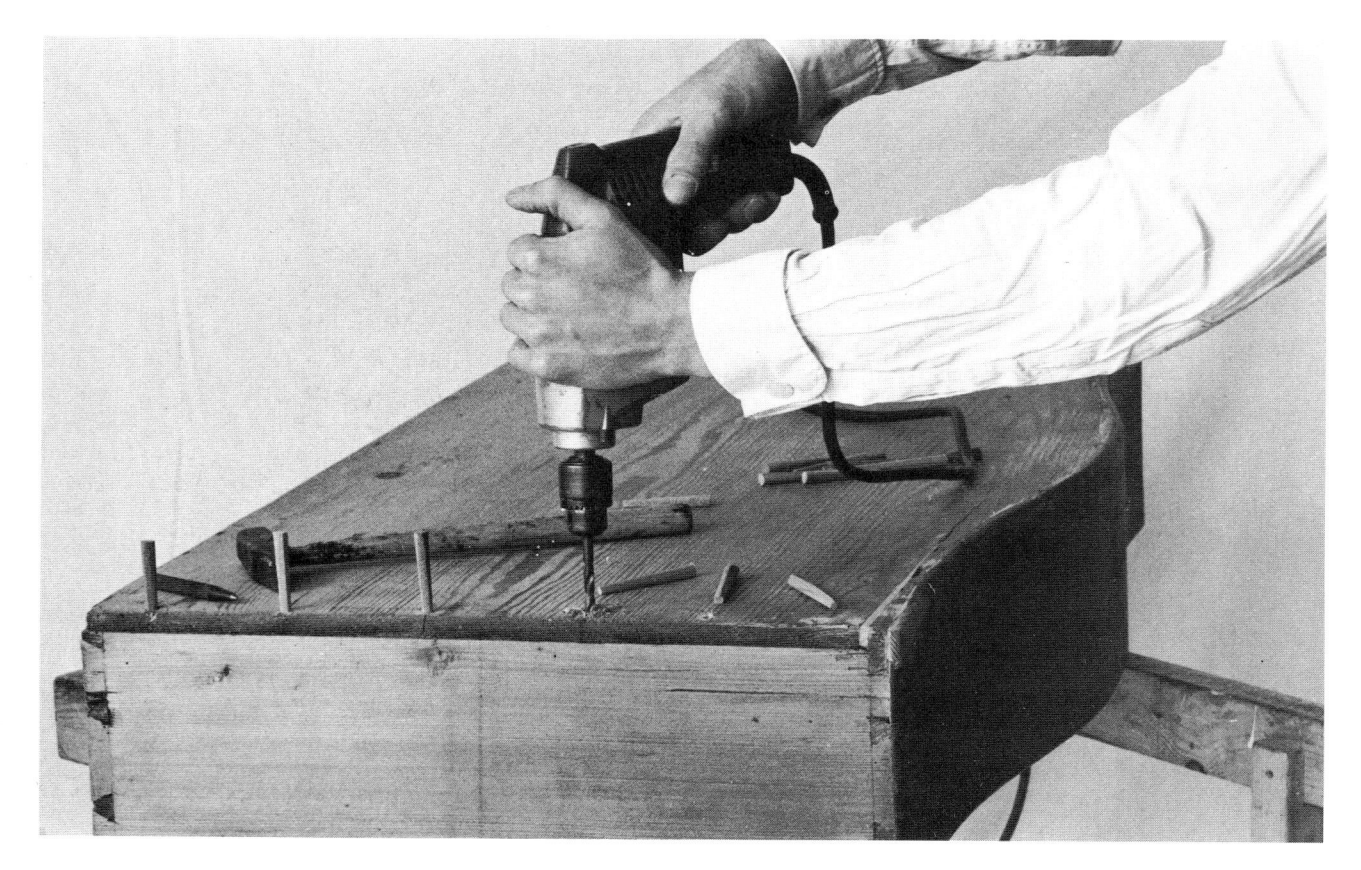

71 Der Boden und die Seiten werden wieder mit Holznägeln verbunden.

72 *Die Deckleiste wird ergänzt.*

73 *Die Deckleiste wird in die richtige Form gehobelt.*

Der obere Schubkasten (Abb. 74)

Die Leimfugen der Front, die aufgerissen sind, werden gesäubert und neu verleimt – ebenso die aufgesplitterten Stirnenden der Front. Da der Schubkasten in seiner Funktion in Ordnung ist, kann mit den Ausbesserungsarbeiten der Front begonnen werden. Die ausgebrochenen Kanten und Ecken werden in der Form ihrer Beschädigung, möglichst knapp, gerade geschnitten oder ausgestemmt und dann ergänzt.

Der Korpus (Abb. 75–91)

Um an dem Korpus arbeiten zu können, muß er zerlegt werden. Der Konstruktion Schritt für Schritt folgend, wird er auseinandergenommen. Man beginnt mit der Rückwand, die mit Holznägeln an Boden und Seiten befestigt ist. Zuerst schlägt man unter Verwendung einer Zulage, die den Druck des Schlages verteilen und die Rückwand vor Beschädigung schützen soll, die mittleren vier Bretter mit dem Hammer heraus. Sie lassen sich jetzt aus der Nut der Deckplatte leicht herausziehen. Alle Teile werden numeriert.

Als nächstes werden die den Fuß bildenden Seiten der Rückwand, an die man jetzt gut herankommt, herausgeklopft. Alle verbleibenden Holzverbindungen des Korpus sind Grate. Gratleisten passen genau, wenn sie sich auf zwei Drittel ihrer Länge gut einschieben lassen und dann stramm anziehen. Die Deckplatte ist mit zwei Holznägeln fixiert, welche durch sie hindurch in den Grat der Seiten genagelt sind. Sie werden wenn möglich gezogen oder ausgebohrt; die Platte kann nach vorne herausgeklopft werden. Als nächstes werden

74 Die Front des oberen Schubkastens wird ausgebessert.

75 *Die Rückwand wird vom Korpus getrennt.*

76 *Alle verbleibenden Holzverbindungen sind Grate und werden gelockert.*

77 Die Deckplatte wird aus den Graten der Seiten geschoben.

78 Die Schubleisten und deren Vorderstücke werden herausgetrieben, und die Seiten können aus dem Bodengrat gezogen werden.

die Schubleisten aus den Gratnuten getrieben. Um sie nicht zu beschädigen, spannt man mit einer Zwinge zwei Klötzchen oben und unten an dieser Leiste fest, auf die man dann schlägt. Nach dem Ausbau der Schubleisten lassen sich die Schubleistenvorderstücke leicht nach hinten herausschieben.

Die Klötze, die zur Unterstützung der Füße gedient haben, werden mit einem Eisensägeblatt von Seiten und Sockelzarge getrennt, und die Nagelköpfe mit dem Versenker nach vorne herausgeschlagen. Auch die beiden Holznagelsicherungen der Seiten werden gezogen, und die Seiten aus dem Bodengrat nach vorne herausgeklopft. Der Korpus ist nun zerlegt, und die einzelnen Teile können neu verleimt und ausgebessert werden.

79 *Die Seiten werden vom Boden entfernt.*

80 *Der Korpus der Kommode ist zerlegt.*

81 Die ersten zwei Teile der Rückwand werden verleimt.

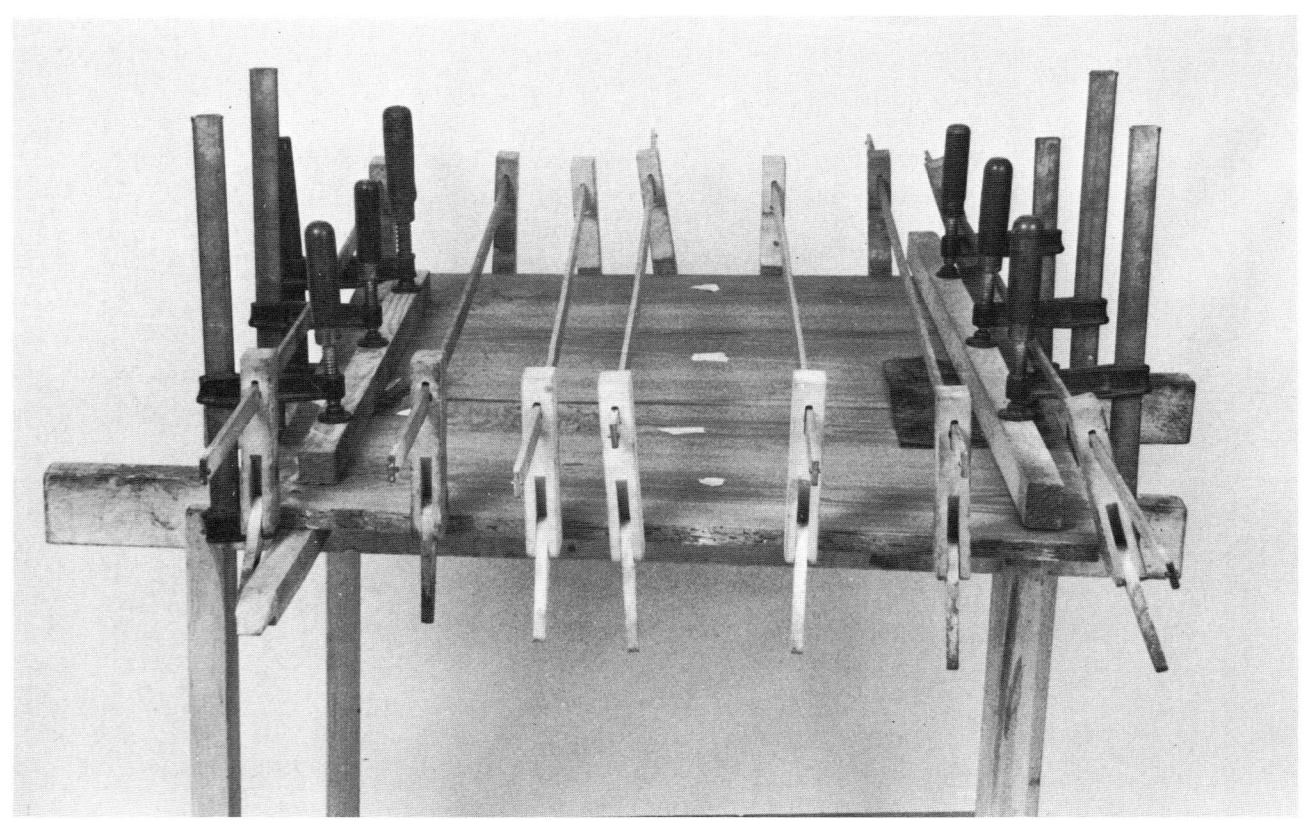

82 Die verleimten Teile werden nochmals miteinander verleimt.

83 Beim Leimen von Flächen müssen Querzulagen verwendet werden, um ein »Verbiegen« zu verhindern.

Bei den einzelnen sechs Stücken der Rückwand werden zuerst die mittleren Teile auf zweimal verleimt; d. h. Brett 2/3 und Brett 4/5. Danach werden die zwei so entstandenen Bretter nochmals miteinander verleimt, und die den Fuß bildenden Außenteile der Rückwand ausgebessert. Platte, Seiten und Boden (bei dem gleichzeitig die Sockelzarge mit angeleimt wird) werden, nachdem die alten Leimfugen gereinigt und angezahnt sind, in der Breite neu verleimt. Beim Leimen von Flächen werden, um ein »Verbiegen« zu verhindern, Zulagen quer festgespannt, die an der Leimfuge mit Plastikstreifen unterlegt sein müssen, um ein Verkleben von Zulage und Werkstück zu vermeiden. An Stellen, an denen die Leimfuge noch nicht plan ist, werden Plastikkeilchen zwischen Zulage und Werkstück getrieben, und die Fuge wird in ihrer Stärke nochmals korrigiert.

Wenn alle Flächen verleimt sind, beginnt man mit den Ausbesserungsarbeiten. Zuerst wird der Bruch an der hinteren linken Ecke schräg im rechten Winkel so knapp wie möglich abgesägt. Ein in den Maserverlauf der Platte passendes Stück Holz wird zugeschnitten, angezahnt und angeleimt. Das an der vorderen rechten Ecke der Platte ausgebrochene, noch vorhandene Profil wird in den Bruch wieder eingeleimt. Das durch den Riegel des oberen Schubkastens beschädigte Frontprofil der Platte wird ebenfalls ergänzt. Nach dem Trocknen des Leimes wird die linke Ecke auf das Niveau der Platte gehobelt und auch an die Hinterkante angeglichen. An der Unterseite wird die Gratnut nachgeschnitten und ausgestemmt. Jetzt kann das danebenliegende zerraspelte Profil ausgebessert werden. Dazu wird das Profil nach vorne schräg geschnitten, soweit es die Beschädigung nötig macht. Diese Schräge greift auch in den neu eingesetzten Klotz so weit ein, bis sie parallel zur Hinterkante läuft. In diese ausgestemmte Öffnung wird ein passendes Stück Holz eingeleimt. Die sich überblattenden neuen Teile erhalten so den besten Halt. An der rechten vorderen Ecke wird das fehlende Stück des Profiles ebenfalls ergänzt. Nach erneutem Trocknen des Leimes werden die neu eingesetzten Teile eben gehobelt, und das Profil wird an das Original angepaßt.

84 Die linke hintere Ecke wird ergänzt. Um möglichst viel Originalsubstanz zu erhalten, werden zwei sich überblattende Stücke nacheinander eingesetzt und dann an das vorhandene angepaßt.

85 Die den Fuß bildenden Teile der Seiten werden soweit wie nötig eben geschnitten.

86 Auf die eben geschnittenen Flächen werden in der Form passende Klötze aufgeleimt.

Um an den Seiten arbeiten zu können, müssen zuerst alle morschen und verwurmten Teile mit Knochenleimwasser injiziert werden und an besonders schlechten Stellen im folgenden mit Leimkitt ausgerieben werden. Nach ca. 8 Stunden sind die Seiten durchgetrocknet und können bearbeitet werden, ohne unter dem Werkzeug zu zerbröseln. Die nun fixierten Teile, die ausgebessert werden sollen, werden soweit wie nötig gerade geschnitten, um für die neuen Klötze Leimflächen zu erhalten. Diese müssen jedoch im richtigen Maserverlauf aufgeleimt und nach dem Trocknen dem Schwung des Originals angepaßt werden. Durch das Verleimen der Schwundrisse an den Seiten in der Breite ist der Materialverlust von der Mitte nach hinten verschoben worden. Er wird durch Aufleimen einer Leiste ausgeglichen – und zwar an der Rückwand und nicht im bemalten Mittelfeld –, so daß Boden und Seiten wieder die gleiche Breite erhalten. Nach dem Ebenhobeln dieser Leiste wird innen die Gratnut nachgesägt und ausgestemmt.

Der linke vordere Fuß, der zu kurz ist, wird erst nach dem Zusammensetzen des Korpus restauriert. An der Sockelzarge wird die fehlende »Nase« links neben dem Mittelschwung ergänzt. Die in der Mitte ausgebrochenen Laufleistenvorderstücke werden ausgebessert und zwar ziemlich tief, damit sie bei der Benutzung der Schlösser nicht gleich von neuem ausbrechen können.

Die Grundelemente des Korpus sind nun wiederhergestellt, und es kann mit dem Zusammenbau begonnen werden. Zuerst schiebt man die Seiten auf die Bodengrate, dann die Deckplatte auf die Seitengrate. Danach werden die Laufleistenvorderstücke von hinten eingeschoben und die Laufleisten hinterhergeschlagen. Platte und Seiten werden gegen Verschieben mit Holznägeln gesichert. Als nächster Arbeitsschritt wird die Rückwand eingebaut. Dazu wird die Kommode auf zwei niedrige Böcke auf die Front gelegt. Die Rückwand besteht immer noch aus drei einzelnen Teilen. Zuerst werden die Außenteile plan an Seiten und Boden angeleimt und festgespannt. Das schon vorher aus vier einzelnen Teilen zusammengeleimte Mittelstück der Rückwand wird, nachdem unten Leim angegeben ist, in die Nut der

87 Das erste Außenteil der Rückwand wird auf die Seite aufgeleimt.

88 Für die nächste Leimung werden alle Werkzeuge und Zulagen hergerichtet.

Platte geklopft. Von dem bleibenden Spalt aus keilt man das Mittelstück an eine Außenseite und spannt es mit Zwingen fest. Dabei müssen Zulagen verwendet werden, die Werkstücke angewärmt sein, und der überflüssige Leim muß abgewischt werden. Durch das Verleimen der fünf alten Fugen ist eine neue Spalte entstanden. In diese paßt man eine Leiste ein, die oben auch mit einer Nut versehen sein muß, und leimt sie an ihren angrenzenden Seiten und dem Boden fest. Nach dem Trocknen wird sie so weit wie möglich mit dem Schrupphobel eben geputzt und oben, wo ein Hinkommen mit dem Hobel nicht möglich ist, mit dem Flacheisen eben geschnitten. Am Boden wird sie an die anderen Rückwandbretter angepaßt.

Als nächstes wird die Rückwand mit Holznägeln gesichert. Dazu bohrt man die Löcher in der alten Stärke ca. 5 cm tief aus. Dann schlägt man konische Holznägel mit einem Tropfen Leim in die gebohrten Löcher ein. Rückwand, Seiten und Boden sind jetzt fest miteinander verbunden. Die Überstände der Holznägel werden abgesägt und mit einem Balleisen eben geschnitten.

Der verleimte Korpus wird auf die Füße gestellt und an dem vorderen linken Fuß, der zu kurz ist, unterkeilt, bis die Kommode »im Wasser« steht, d.h., die Anzeige der Wasserwaage die Waagrechte nachweist. Damit kann man die Länge der Sockelzargenfortsätze bestimmen. Die Kommode wird anschließend wieder auf Böcke gelegt, und die neu zugeschnittenen Teile an Seiten und Gehrung eingepaßt. Der Schwung der Sockelzarge wird auf die Sockelfortsätze ausgedehnt. Er wird etwas größer auf der Bandsäge ausgeschnitten, und die beiden Stücke werden eingeleimt. Nach dem Trocknen werden der Schwung und die Flächen an das Original angepaßt. Den zu kurzen Fuß der linken Seite schneidet man schräg ab und ergänzt ihn mit einem passenden Stück Holz. Beim Leimen findet das Fußteil jetzt Halt an dem neuen Sockelfortsatz. Dann wird der Fuß eben geschnitten, und die Kommode wieder auf die Füße gestellt. Die Laufleisten werden mit Kernseife abgerieben, um die Gleitfähigkeit der Schubladen zu erhöhen. Diese werden eingeschoben, und damit sind die Holzarbeiten abgeschlossen.

89 Die Rückwand ist eingeleimt.

90 Die Rückwand wird durch Holznägel gesichert.

91 Die Holznägel wurden abgesägt und eben geschnitten, und die Kommode danach »ins Wasser gebracht«.

Befund der Farbe (Abb. 94)

Der Hersteller der Kommode hat sich in Form und Maßen an die großbürgerlichen und höfischen Kommoden des 18. Jahrhunderts angelehnt. Diese Möbel waren mit Intarsien aus verschiedenen Edelhölzern, wie Nußbaum, verschiedenen Maserfurnieren, Pflaume, Buchsbaum, Mooreiche usw., furniert worden. Da diese Technik zeitaufwendig und teuer war, wünschte derjenige Auftraggeber, der dazu nicht die finanziellen Mittel hatte, daß der Ausdruck der Intarsie durch Malerei erreicht würde. Die mit Rotocker und Brauntönen bemalten Mittelfelder versuchen Nußbaummaser oder Marmor zu imitieren. Sie werden von einer dreilagigen Fase umrundet, die in die nasse Farbe mit einem Kammspachtel eingekratzt wurde. An den abgeschabten Stellen ist dort der helle Untergrund sichtbar und soll wie Buchsbaum oder Pflaumensplint aussehen. An die Fase schließt ein Streifen mit Gelbocker an, in den quer zur Holzmaserung des Untergrundes dunkle Streifen eingezogen sind. Sie sollen Nußbaumholz darstellen. Die Seitenfronten und die Sockelzarge zeigen auch Holzmaserung nachahmende Bemalung. Das Profil der Platte und die Rundungen an den Schubkästen, die bei intarsierten Möbeln massiv aus Edelholz oder starkem Furnier gefertigt sind, sind hier mit dem mittleren Farbwert der Kassettenflächen rotbraun bemalt.

Zustand der Bemalung (Abb. 95)

An der rechten Seite, wie auch an dem oberen Schubkasten, ist von einem »Restaurator« der Versuch unternommen worden, die Kommode »auf Natur« zu trimmen, um sie schnell, ohne viel Aufwand, auf dem Markt zu veräußern. Der Schubkasten dürfte sein zweiter Freilegungsversuch gewesen sein, wo er festgestellt hat, daß die Front nicht aus einer Bohle besteht, sondern stückverleimt ist. Da ein Möbel, das offensichtlich von seiner Verarbeitung und Konstruktion her bemalt sein muß, auf dem Antiquitätenmarkt wenig einbringt, sind weitere Restaurierungsversuche eingestellt worden. Deshalb ist die Bemalung wenigstens noch zu ca. 60% erhalten. An der Platte sind nur noch Reste der Farbe zu erkennen, da sie außer unsachgemäßer Behandlung auch viele »Reinigungsvorgänge« mit verschiedenen aggressiven Mitteln erdulden mußte. Dennoch läßt sich die Einteilung der Platte noch erkennen, obwohl der Untergrund schon zu 80% weggewaschen ist. An der Front und den Seiten ist der noch erhaltene Teil der Bemalung stark angegriffen. Das Holz scheint bereits an vielen Stellen, die durch Zersetzung des Binders abgebröselt sind, durch. Auch die noch erhaltene »Farbe« weist verschiedene Verschmutzungen und Benutzspuren auf.

Die Restaurierung der Farbe
(Abb. 92, 93, 96–100)

Die neu eingesetzten Teile werden, da sie sich farblich noch stark abheben, mit spirituslöslicher Holzbeize vorsichtig in dem gelbbraunen Ton des Originalholzes der Kommode eingefärbt. Das geschieht, damit man beim späteren Patinieren nicht auf den hellen Untergrund stößt, da er sich häßlich vom Gesamtbild abheben würde.

Um für die Malerei einen transparenten Untergrund zu erhalten und zu verhindern, daß die Farbe zu tief ins Holz einschlägt, wird ein Untergrund aus Ammoniakkasein mit ein wenig Kreide aufgelegt. Wo es das Werkstück verlangt, wie z.B. an den neuen Teilen, wird noch eine weitere dünne Schicht Grund aufgetragen. Die Stöße von Neu zu Alt müssen weich ineinander übergehen, so daß es zu keinen Höhenunterschieden in der Farbe kommt. Der Pinsel soll so geführt werden, daß er den Strich des Originals schon im Grund aufnimmt. Spätere Korrekturen durch Ebenschleifen sehen platt aus, da ihnen die Struktur des Pinselstriches fehlt. Der Grund ist mit einem Hauch Gelbocker versetzt worden, damit er sich nicht mit dem alten verdreckten und vergilbten Untergrund optisch »beißt«. Er muß dennoch hell und licht sein; denn dunkler kann man immer werden, heller nicht mehr. Um die Farbe auftragen zu können, sollte man den Grund ausreichend trocknen lassen.

Auf einem separaten Brett, das mit demselben Untergrund wie die Kommode belegt ist, werden

92 Die nötigen Werkzeuge für die Bemalung werden zusammengestellt.

93 Verschiedene Farbtests werden durchgeführt.

94   Die Kommode nach der
     Restaurierung

95   Die Kommode vor der
     Restaurierung

96 Die linke Seite vor der Restaurierung

97 Die linke Seite nach der Restaurierung

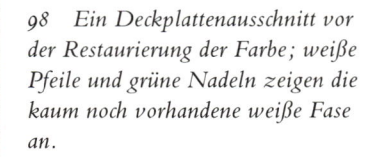

98 Ein Deckplattenausschnitt vor der Restaurierung der Farbe; weiße Pfeile und grüne Nadeln zeigen die kaum noch vorhandene weiße Fase an.

99 Ein Deckplattenausschnitt mit dem fertigen Mittelfeld und Ockerauftrag am Rand, ohne dunkle Maserung

Farbtests und das Einkratzen der Fasen auf Probe durchgeführt, um keine »Versuche« am Original machen zu müssen. Bei diesen Tests hat sich für die Farbauswahl herausgestellt, daß sich die Gelbtöne am besten mit franz. Lichtocker und Terra di Siena, die Rottöne mit gebrannter Terra di Siena und hellem und dunklem Englisch Rot, die braunen und dunklen Töne mit Manganbraun und Elfenbeinschwarz erreichen lassen. Zum Einkratzen der Fasen wird mit der Laubsäge aus einem ca. 2 mm dicken Hartholz ein doppelzahniger Kamm in der Fasenstärke ausgesägt.

Begonnen wird mit der Restaurierung der Farbe genauso wie bei den Holzarbeiten an dem kleinsten, besterhaltenen Teil: in diesem Fall bei dem rotbraunen Mittelfeld des unteren Schubkastens. In die abgeplatzten und die mit neuem Untergrund belegten Fehlstellen wird zuerst – immer entsprechend der Originalfarbe daneben – etwas heller einretuschiert. Als Werkzeug wird ein Haarpinsel verwendet. An größeren, farbfreien Stellen malt man dünn-lasierend in etwas wechselnden Rottönen Strukturen auf, die einem Puzzle ähneln. Beschädigungen im Untergrund wie Wurmlöcher oder Kratzer werden etwas gedunkelt, um den Farbauftrag natürlich erscheinen zu lassen. Nach dem Trocknen legt man über solche Stellen noch eine dünne Farblasur, die die einzelnen Flecken zusammenzieht und doch den Farbauftrag nicht starr erscheinen läßt. Teilweise wird, wo die Struktur des Originals es erfordert, die Farbe, nachdem sie fast getrocknet ist, mit einem »fusselfreien« Lappen abgetupft, wobei man kleine Farbpartikel bis zum Untergrund aufreißt und damit die Farbstruktur belebt. Diese Stellen werden danach wie-

100 Die Schablonen und der Zahnkamm werden hergestellt.

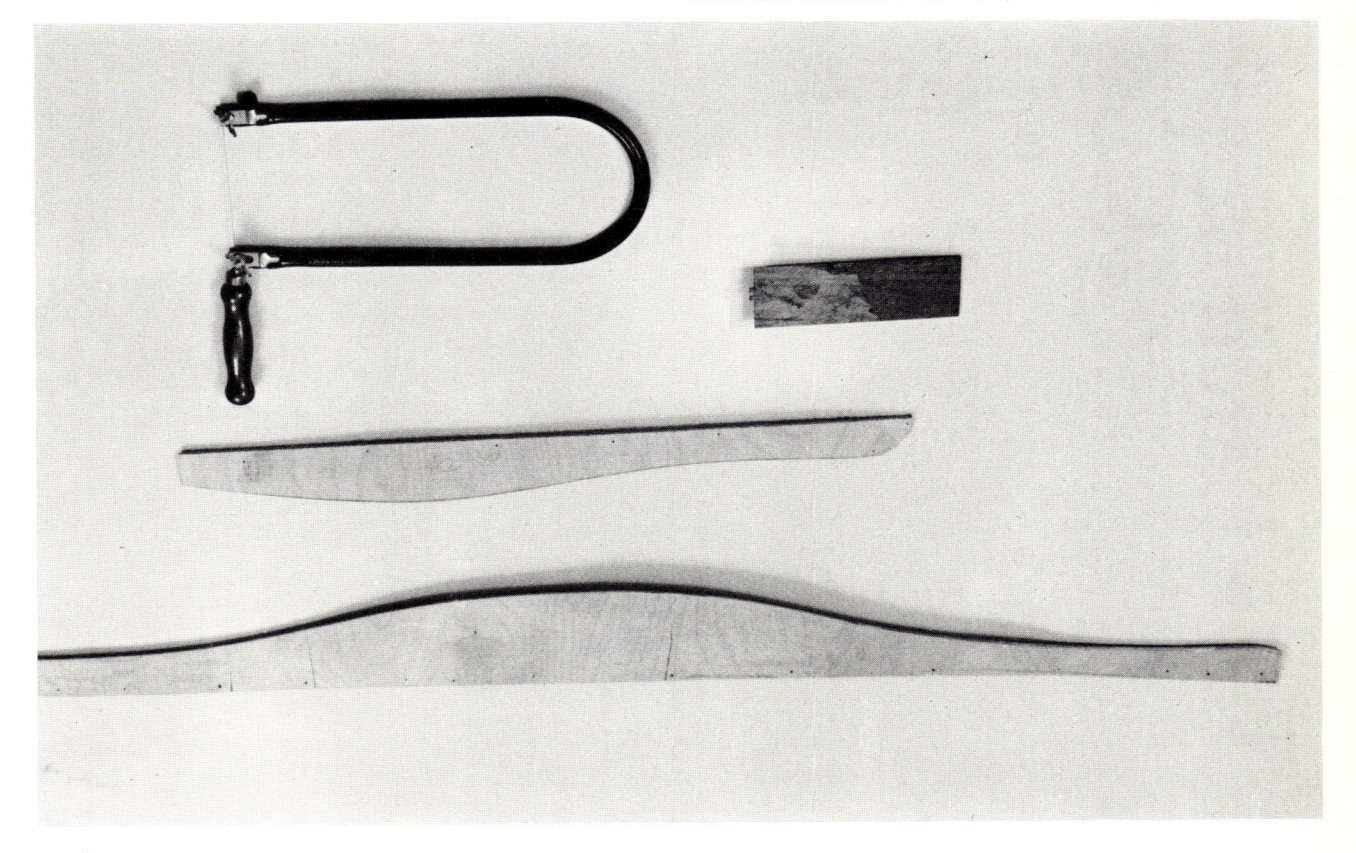

der retuschiert. Der fertige Rotauftrag erscheint immer noch etwas röter als das Original, denn am Schluß wird noch einmal nach dem dunklen Farbauftrag die ganze Fläche durch Lasur »zusammengezogen«. Durch die größere optische Geschlossenheit treten die dunklen Strukturen des »Marmors« jetzt mehr hervor. Ursprünglich wurde bei der Herstellung des Farbauftrages das Innenfeld rot gestrichen und die dunklen Strukturen Naß in Naß mit ein paar »Pinselhieben« aufgetragen. Dabei hat sich die noch feuchte rote Farbe mit dem Braun gemischt. An den Rändern jedes dunklen Striches ist durch den ausgeübten Druck dunkle Farbe aus dem Pinsel ausgetreten, und durch die Drehung des Pinsels während des Striches ist bei jeder Richtungsänderung diese marmor- oder nußbaumähnliche Struktur entstanden. Bei der Restaurierung muß die Struktur mit dem Haarpinsel in mühsamer Kleinarbeit ausgebessert und teilweise neu aufgebaut werden, da das Original nicht überpinselt werden darf und die ursprüngliche Technik des Farbauftrages nicht mehr angewendet werden kann. Man muß die eingetuschten Stellen im Verlauf des alten Pinselstriches vorsichtig in die Fehlstellen einfügen. Dort, wo die dunkle Struktur nicht mehr vorhanden ist, muß sie nachempfunden werden. Danach werden die ausgebesserten und neuen Stellen mit dem Original »zusammengezogen«. Dazu verwendet man einen Borstenpinsel, der mit stark verdünntem Kasein befeuchtet ist, und fährt an den ausgebesserten Stellen den Verlauf der Schwünge nach. Damit sind die Retuschen entschärft, und durch Abstupfen und erneute Ausbesserungen werden die dunklen Partien nochmals belebt. Die Ausbesserungen sind so dünn, daß man die Holzstruktur wie bei dem Original durchsehen kann. Um diese dünne Farbschicht noch etwas zu konservieren und um das erhaltene Original zu reaktivieren, wird mit einem Lappen (z. B. Mull) stark verdünntes Kasein über die Fläche verteilt. Dabei soll sehr zügig gearbeitet werden, und man sollte nicht zweimal über die gleiche Stelle gehen. (Der Stoffballen soll danach keine Farbabwischungen aufweisen.) Nach dem Trocknen ist der Unterschied von Alt zu Neu nicht mehr zu erkennen; das gilt genauso für den etwas zu hellen Rotauftrag.

Die rotbraunen Kassetten werden nun an den beiden anderen Schubkästen und auch an den Seiten (dort auch erst die besser erhaltene) durchgeführt. Mit der Restaurierung der Platte wird noch gewartet, bis Seiten und Front fertiggestellt sind, um ein besseres Anpassen der Deckplatte zu ermöglichen, da diese fast neu bemalt werden muß.

An den Schubkästen und dann an den Seiten wird nun die nußbaumfarbene Randeinfassung der Kassetten ergänzt. Dazu wird zuerst das Ocker – genauso wie beim letzten Arbeitsgang das Rot – aufgetragen und dann die dunklen Streifen ergänzt. Jetzt können die Fasen eingekratzt werden. Dazu trägt man mit dem Pinsel an der Stelle, an der Rot und Gelb zusammenstoßen, im Verlauf der alten Fase Wasser auf, läßt es einwirken und kratzt die gequollene Farbe mit dem Kammspachtel bis zum Grund auf. Um einen geraden Strich zu erzielen, sollte ein Lineal oder ein anderer Anschlag verwendet werden. Die entlang der beiden Striche aufgeworfene Farbe, die wie eine kleine, erstarrte Welle aussieht, läßt man so trocknen. Danach wird das ausgekratzte Farbbett dünn mit weißem Untergrund nachgetuscht und nach erneutem Trocknen mit einer etwas schmutzfarbenen Lasur patiniert, damit die Fase nicht aus dem Möbel penetrant heraussticht.

Nun wird die Kante, die die Schubkästen umrandet, in dem Rotbraun der Originalfarbe retuschiert oder neu aufgebaut. Seiten, Front und Schubkästen sind fertig ergänzt, und es kann mit der farblichen Rekonstruktion der Platte begonnen werden.

Zuerst werden von den Schweifungen der Deckplatte Schablonen hergestellt. Von den Seiten benötigt man nur eine Schablone, da sie für die andere Seite gewendet benützt werden kann. Man braucht die Schablonen, um den Aufriß des Mittelfeldes anzuzeichnen und später als Anschlag, um die Fasen im richtigen Schwung einzukratzen. Gefertigt werden die Schablonen aus 3 mm dickem Sperrholz. Indem man das Sperrholz unter den Vorsprung der Platte hält, kann man mit dem Bleistift die Schwünge leicht abnehmen. Sie werden an der Bandsäge ausgeschnitten und an der Schnittkante mit Schleifpapier in die exakte Form

gebracht. Da der Mittelstreifen der Fase auch rot ist, wird die Innenfläche der Platte so groß angezeichnet, daß die Fasenbreite mit eingeschlossen ist. Der Anriß wird an den Schablonen entlang mit einem feinen Pinsel durchgeführt. (Er darf nicht mit dem Bleistift aufgetragen werden, da man diesen sonst durch die fertige Bemalung durchsehen würde.) Danach tupft man Wurmlöcher und Fehlstellen dunkel aus, um später die Bemalung natürlich gealtert erscheinen zu lassen. Darüber wird das Rot etwas heller als der Originalfarbton aufgetragen. Der Aufstrich der Farbe sollte nicht zu gleichmäßig erfolgen, um die Fläche nicht starr erscheinen zu lassen. In halb trockenem Zustand stupft man mit einem Lappen die Fläche ab, um in dem Farbauftrag bewußt Fehlstellen zu erzeugen, die später wieder ergänzt werden. Nun können die dunklen Adern eingezogen werden, wobei man die Bemalung der Seitenflächen auf die Deckplatte interpretiert. Die beiden dunklen Hauptschwünge werden dünn angelegt, und nach diesen ergeben sich die anderen Adern oder Strukturen, die in ihrer Form den Hauptlinien folgen. Ist die Bewegung dieser Schwünge vorgezeichnet, kann man mit dem Schattensetzen an den Stellen beginnen, wo die Farbe aus dem Pinsel ausgetreten sein müßte. Die dunklen Strukturen werden so weit nachgearbeitet, daß der Farbauftrag dem Original entspricht. Danach werden alle Schwünge nochmals mit verdünnter Kaseinlösung, in die nur sehr wenig dunkles Pigment eingemischt worden ist, mit einem Borstenpinsel nachgefahren. Das zieht die Retuschen optisch zusammen und läßt den Pinselstrich flott und zügig gemalt erscheinen. Auch hier wird die beinahe getrocknete Farbe wieder abgestupft, dabei etwas aufgerissen und erneut ausgebessert. Nach gründlichem Trocknen wird die ganze Fläche nochmals mit einem Stoffballen mit sehr verdünnter Kaseinlösung abgewischt. Jetzt sieht der Rotauftrag mit den dunklen Adern natürlich aus und hat die gleiche Farbgebung wie der Originalton an Front und Seiten. Der gelbbraune Randstreifen wird nun ergänzt. Dazu trägt man zuerst mit dem Borstenpinsel das Ocker auf, altert es wie bei dem Rotauftrag und zieht die dunklen Streifen ein. Die Ränder dieser Streifen werden mit dem Haarpinsel etwas dunkler gefärbt und auch wieder zusammengezogen und gealtert. Die rotbraune Profilkante der geschweiften Platte wird als nächster Arbeitsschritt ergänzt. Dabei ist an dem Mittelschwung der Front die Farbe so dünn aufgetragen worden, daß die Holzmaserung durchscheint und nach dem Wachsen abgegriffen aussehen wird. Solche gepflegten Benutzungsstellen lassen eine Bemalung natürlich gealtert erscheinen. – Der Farbauftrag der Platte ist nun geschlossen, und die Fasen werden eingekratzt, dann nachgeweißt und mit einem »Drecksüppchen« patiniert. Die Restaurierung der Farbe ist abgeschlossen.
Um die Oberfläche zu schützen, wird sie mit flüssigem Bienenwachs eingelassen, nach dem Trocknen gebürstet und dann mit einem Wollappen abgerieben. Dabei entsteht ein warmer, matter Glanz, der die Malerei dichter und satter erscheinen läßt und den bürgerlichen Charakter der Kommode verstärkt.

Jetzt können die Beschläge wieder angebracht werden. Zuerst werden die Schlösser befestigt, um die Schlüsselschilder später passend anbringen zu können, damit die Schlüsselführung mit dem Schlüsselloch übereinstimmt. Mit der Befestigung der Züge wird die Restaurierung der Kommode abgeschlossen.

SCHRANK (Abb. 101, 102)

Entstanden 1837 im süddeutschen Raum

Konstruktion (Abb. 103, 104)

Der Korpus samt seiner Inneneinteilung ist aus Fichtenholz gefertigt. Die Grundflächen sind in sich stumpf verleimt.

Der Korpus (Abb. 105, 106)

Der verleimte Boden und die Deckfläche des Schrankes sind mit den Seiten verzinkt. Die Inneneinteilung ist in sich und in die Seiten und den Boden eingegratet. Der verzapfte, oben geschweifte Rahmen der Front ist durch eine Gehrung mit den abgeschrägten Ecken, den Ecklisenen des Schrankes, verbunden. Diese schließen wiederum mit einer Gehrung an die Seiten an. Die Front und die schrägen Ecken sind verleimt und mit Holznägeln gesichert worden. Die Profile der Krone und des Sockels sind auf Gehrung an den Korpus geleimt und durch Holznägel in ihrer Haltbarkeit verstärkt. Die Rückwand ist auf den Korpus stumpf aufgeleimt und mit Holznägeln gesichert. Die verlorengegangenen, plattgedrückten Kugelfüße waren am Boden mit einem dicken Dübel befestigt.

Grundelemente des Korpus

Zwei Seiten, zwei Ecklisenen, ein verzapfter Rahmen, der die Front bildet, Rückwand, Kopf- und Sockelprofile, Kugelfüße, die eingegratete Inneneinteilung, Holznägel.

Die Türen

Die beiden Türen sind jeweils aus zwei Brettern verleimt. Gegen das »Sich-Werfen« sind in beide Türen zwei profilierte Gratleisten eingearbeitet. Die linke Tür ist mit einer Schlagleiste versehen, die auf der Tür aufgeleimt und außerdem mit Holznägeln befestigt ist.

Grundelemente der Türen

Zwei oben geschweifte, in sich verleimte Bretter, vier Gratleisten, eine Schlagleiste, Holznägel.

101 Der Schrank vor der
Restaurierung

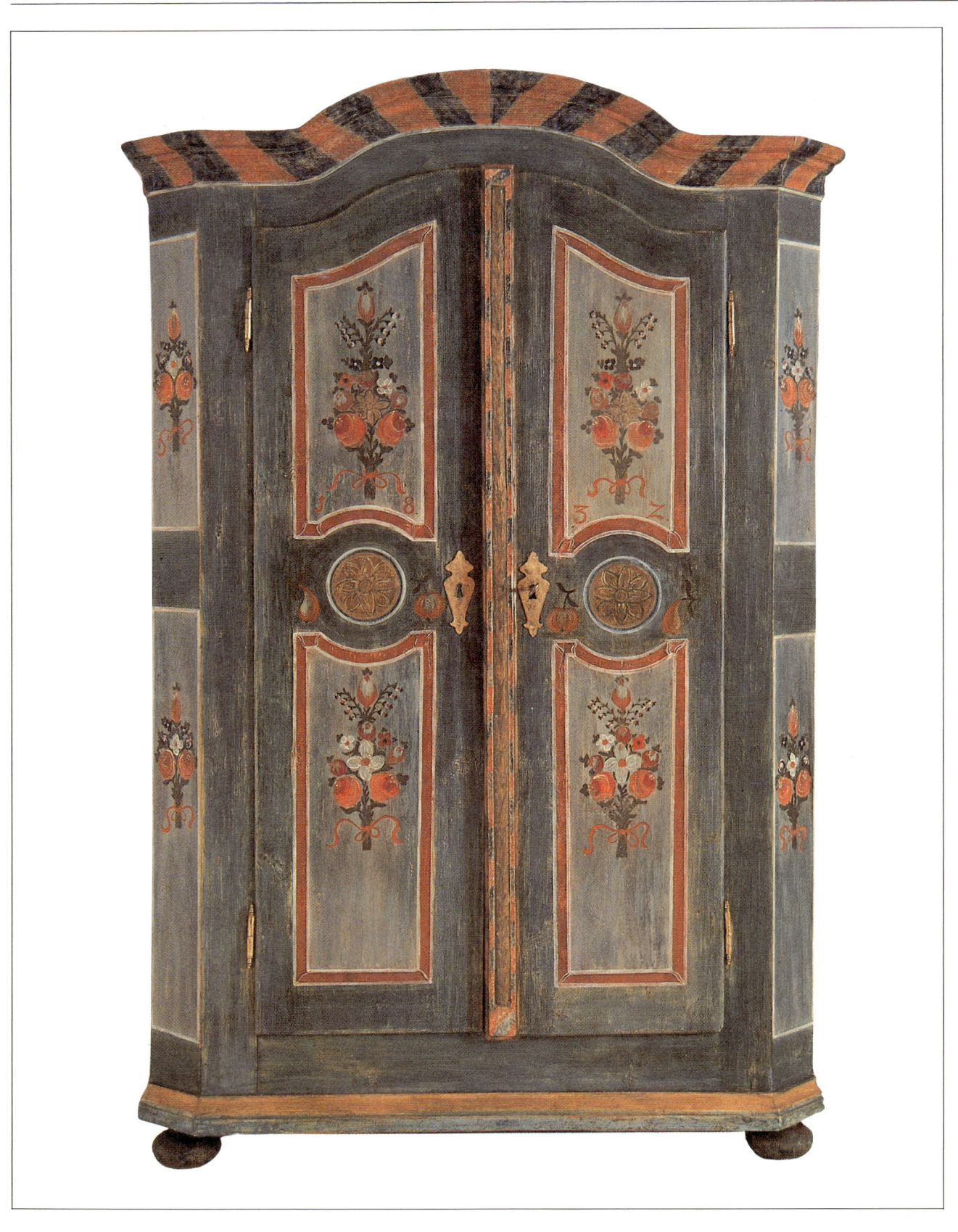

102 Der Schrank nach der Restaurierung

103 Der Schrank in der Perspektive von »Schräg-oben«

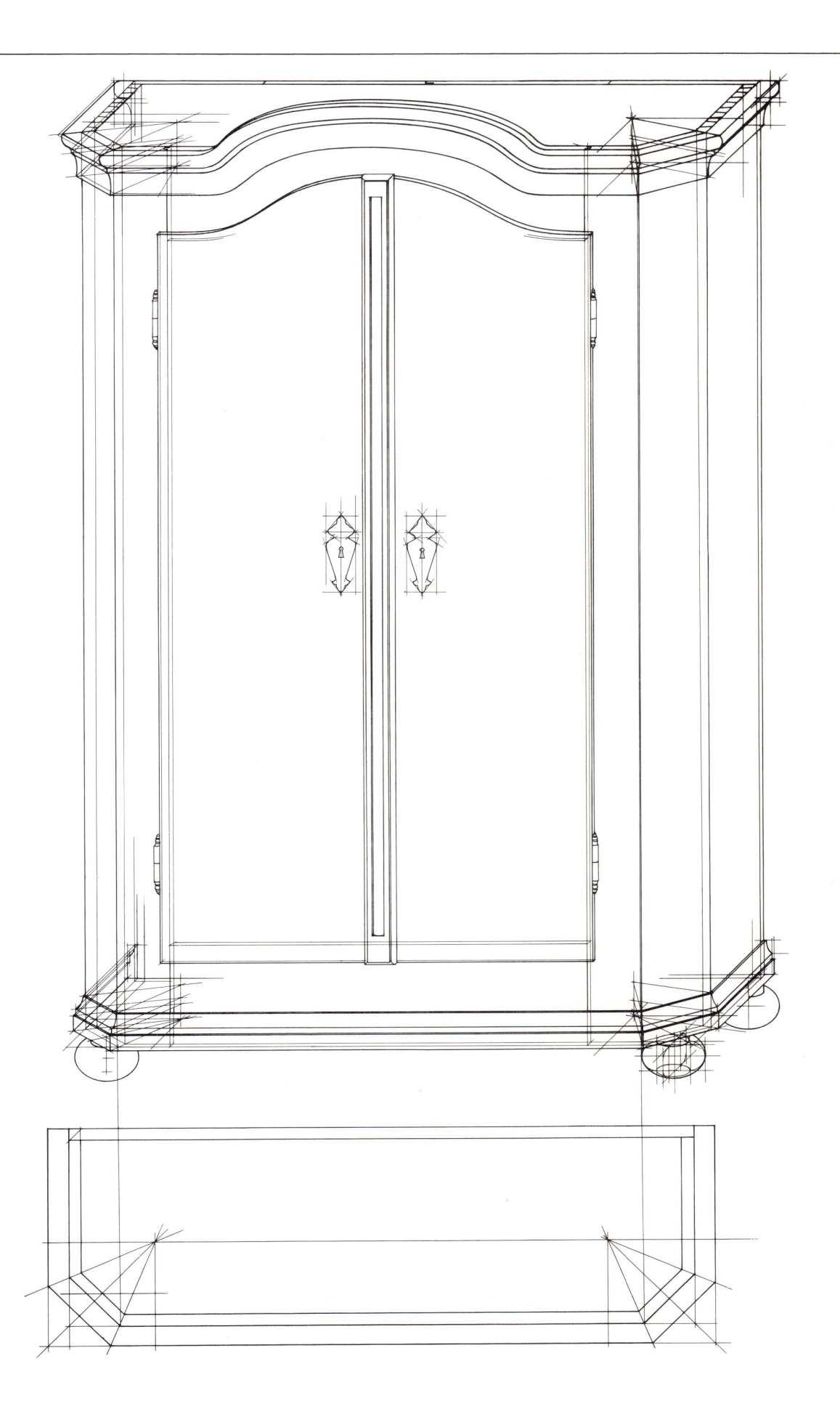

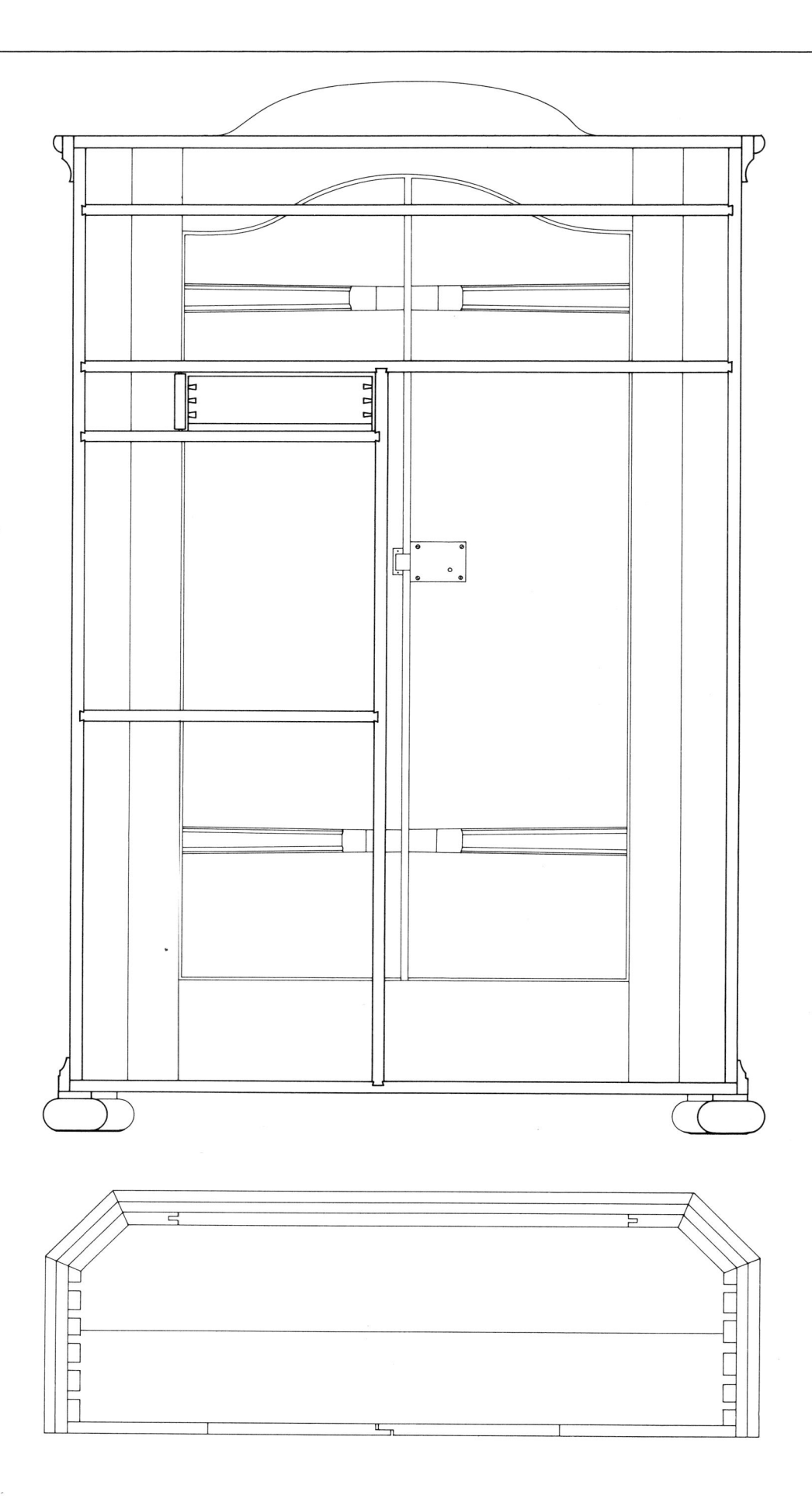

104 Der Schrank von hinten ohne Rückwand

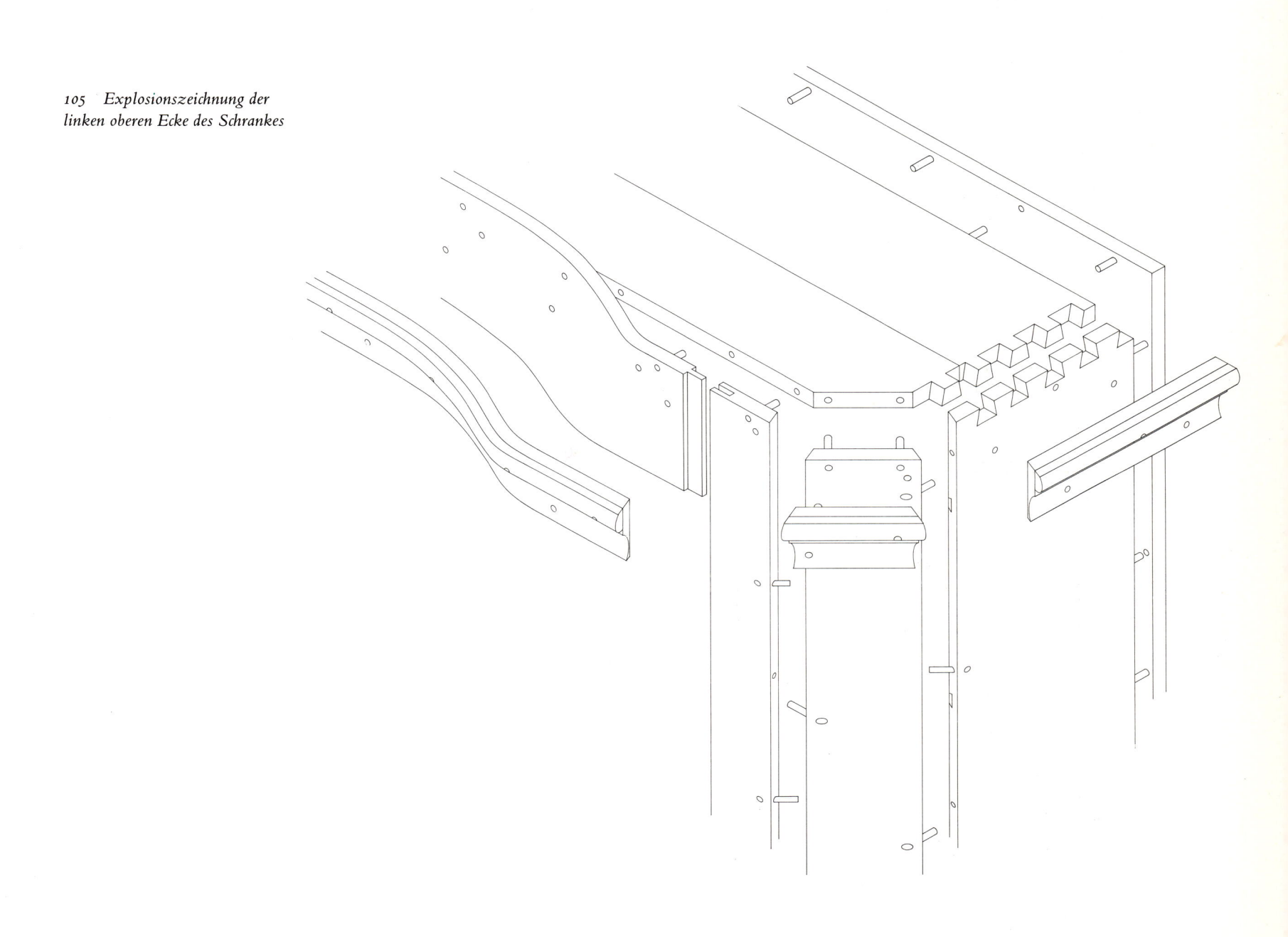

*105 Explosionszeichnung der
linken oberen Ecke des Schrankes*

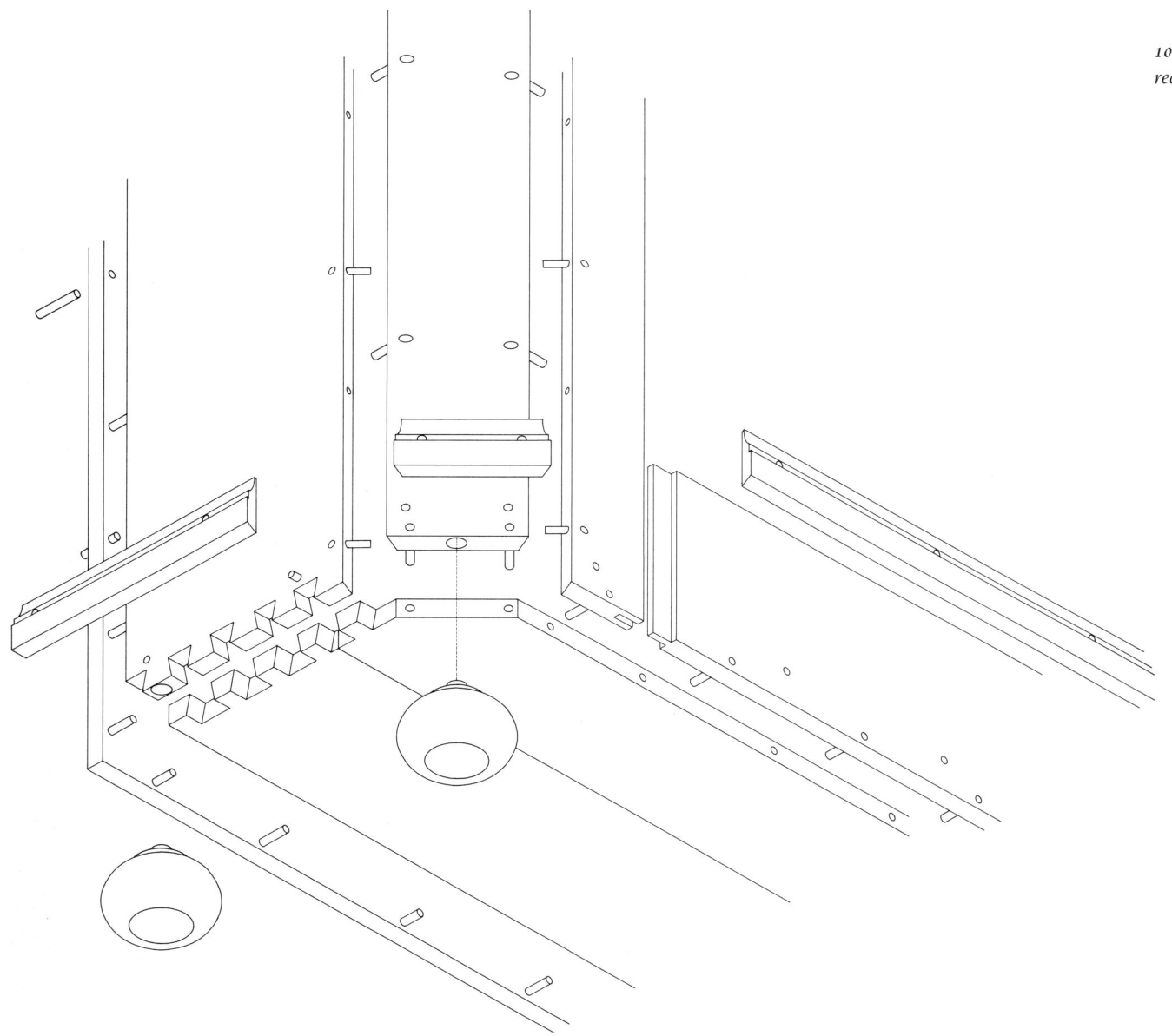

*106   Explosionszeichnung der
rechten unteren Ecke des Schrankes*

Befund des Holzes

(alle Angaben vom Objekt aus gesehen)

(Abb. 107–109)

Die Holzsubstanz des Schrankes ist in verhältnismäßig gutem Zustand. Die Türen sind bis auf das obere ausgerissene Fitschband der linken Tür in schreinerisch einwandfreiem Zustand. Der Bruch neben diesem Band klafft in einer Länge von 30 cm etwas auf, obwohl mit Weißleim schon ein »Restaurierungsversuch« unternommen worden ist.

Die Seiten, die Ecklisenen und die Front sind in Ordnung, nur an den Ecklisenen und der rechten Seite sind unterhalb des Profiles einige tiefe Löcher, die von Nägeln und Haken stammen.

Die Rückwand ist an manchen Stellen locker, da der Leim seine Bindekraft verloren hat. Ein Riß, der durch Schwinden des Holzes entstanden ist, klafft entlang einer Leimfuge.

In der Inneneinteilung, die in gutem Zustand ist, fehlt der gezinkte und profilierte Schubkasten. Die größten Beschädigungen der Holzsubstanz des Schrankes sind an den Profilleisten entstanden. An der rechten Seite fehlt die obere Profilkante, die ursprünglich aus zwei Stücken zusammengesetzt war. Aus dem unteren Stück dieser Leiste ist ein ca. 20 cm langes und 3 cm breites Stück ausgebrochen, das noch vorhanden ist. Die Beschädigung der Leiste setzt sich auf das Profil der Ecklisene fort. Dort fehlt das Stück Leiste, das die Gehrung ausmachen müßte. Das Sockelprofil fehlt auf dieser Seite ganz, und die anschließende Gehrung des Profiles der Ecklisene ist nach unten unregelmäßig ausgebrochen. An der anderen Seite fehlt das Sockelprofil ebenfalls. Man findet ansonsten fast genau die gleichen Beschädigungen wie an der anderen Seite.

Die für den Schrank passenden Kugelfüße sind durch häßliche Klötze ersetzt worden.

107 Detail der Inneneinteilung mit der Öffnung für den fehlenden Schubkasten

108   Detail der Inneneinteilung mit geöffnetem Geheimfach

109   Detail der Inneneinteilung mit ergänztem Schubkasten

Schloß und Beschläge (Abb. 110–115)

Das alte Schloß ist leider durch ein neueres Kastenschloß ersetzt worden. Befestigt ist es mit vier Schrauben an der linken Tür des Schrankes, an der auch die Schlagleiste angebracht ist. Der nicht vorhandene Schlüssel wird ergänzt. Dazu wird ein alter Schlüssel mit einem zum Schrank passenden Ring auf das Schloß zugefeilt, oder ein neues Bartstück mitsamt Schaft an einen alten Ring angelötet.

Die Schlüsselschilder fehlen, lassen sich aber durch den hinterlassenen Abdruck rekonstruieren. Für diesen Arbeitsschritt wird zuerst eine Schablone aus Karton hergestellt, die auf ein Stück altes Eisenblech übertragen wird. Danach werden die Schlüsselschilder mit der Laubsäge, in die ein Eisensägeblatt eingespannt ist, ausgesägt. Die Unterseite des Bleches wird kräftig mit Seife abgerieben, um ein Reißen des Sägeblattes zu verhindern. Die ausgesägten Schlüsselschilder werden mit verschiedenen Schlüsselfeilen nachgearbeitet, und schließlich werden die Löcher zum Anbringen der Beschläge gebohrt.

Die Türen sind mit eisernen Fitschbändern, die mit Zierköpfen versehen sind, an der Front befestigt und drehbar. An ihnen sind noch Reste von Goldbronze sichtbar, die darauf schließen lassen, daß die Schlüsselschilder ebenso bemalt waren.

Die rechte Tür wird durch ein Stück Blech in der Höhe des Schlosses gegen Abnutzung durch den Riegel geschützt. Zur Versperrung dient hier eine Schrankfeder, die beim Zuschlagen der Tür in einen dafür vorgesehenen Haken einrastet. Der Haken ist an der Tür angebracht, die Feder an dem stehenden Brett der Inneneinteilung. Damit die Tür wieder geöffnet werden kann, ist das Brett der Inneneinteilung so weit ausgeschnitten, daß mit der Hand die Feder zurückgezogen werden kann.

110 Das Schloß des Schrankes

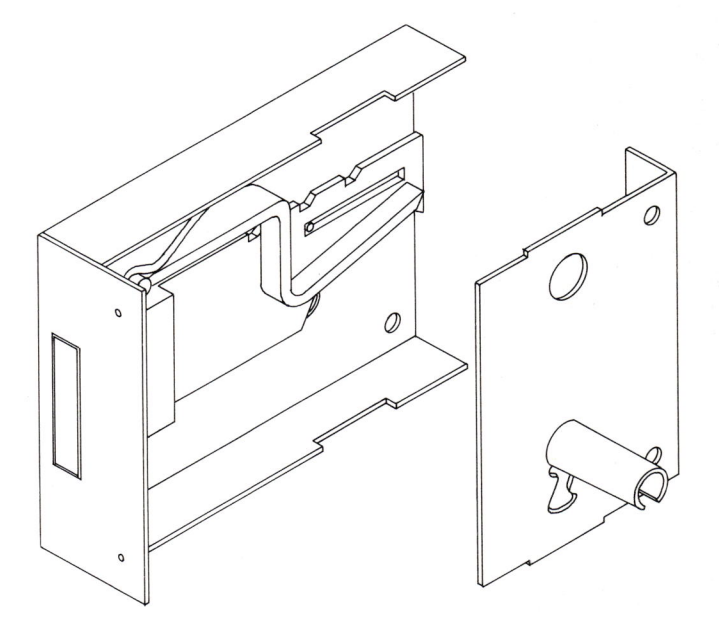

111 Detail um den Bereich der Schlüsselschilder in nicht freigelegtem Zustand (die Konturen des Schlüsselschildes sind kaum erkennbar).

112 Detail um den Bereich der Schlüsselschilder in freigelegtem Zustand (die Konturen des Schlüsselschildes sind gut erkennbar).

113 Die Schlüsselschilder werden neu hergestellt.

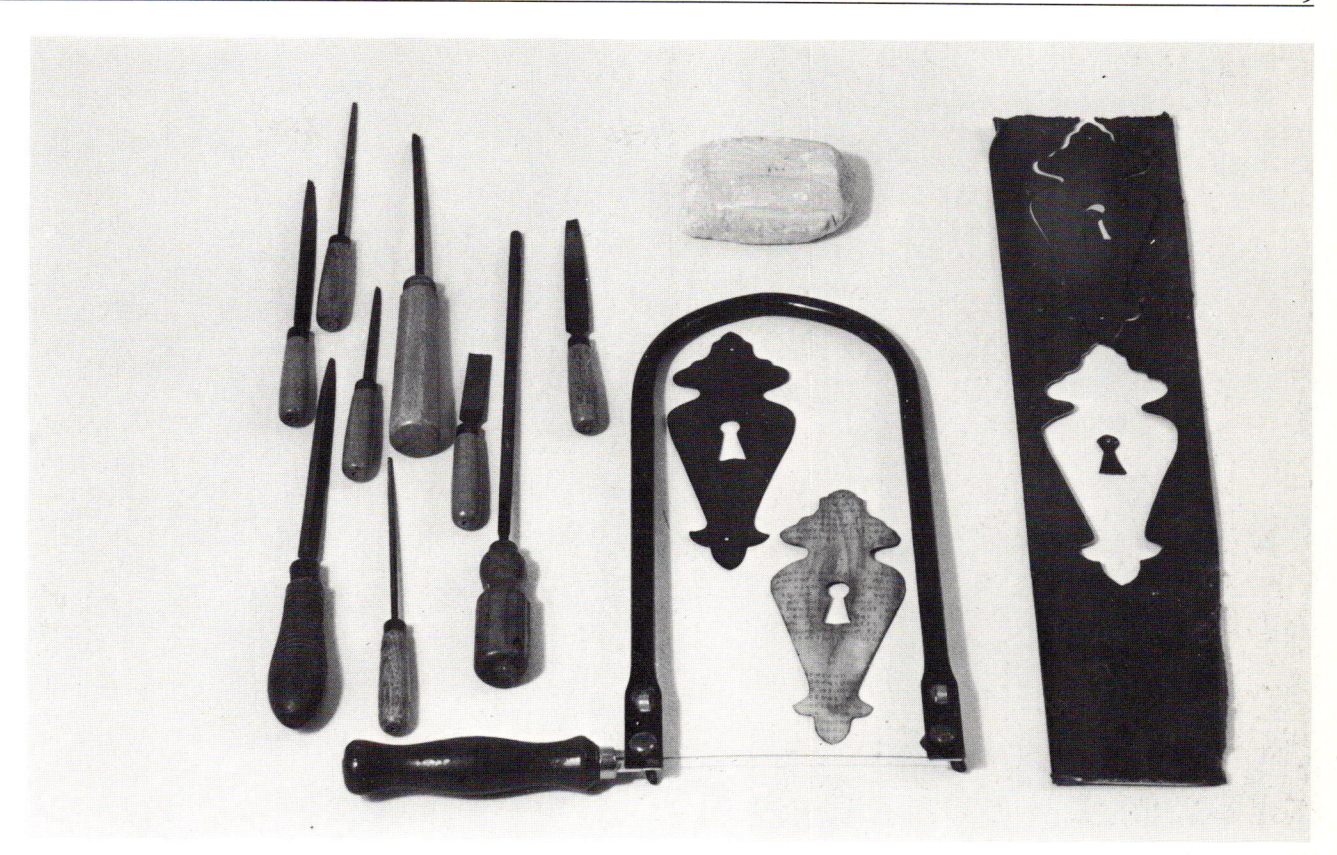

114 Ein Fitschband des Schrankes

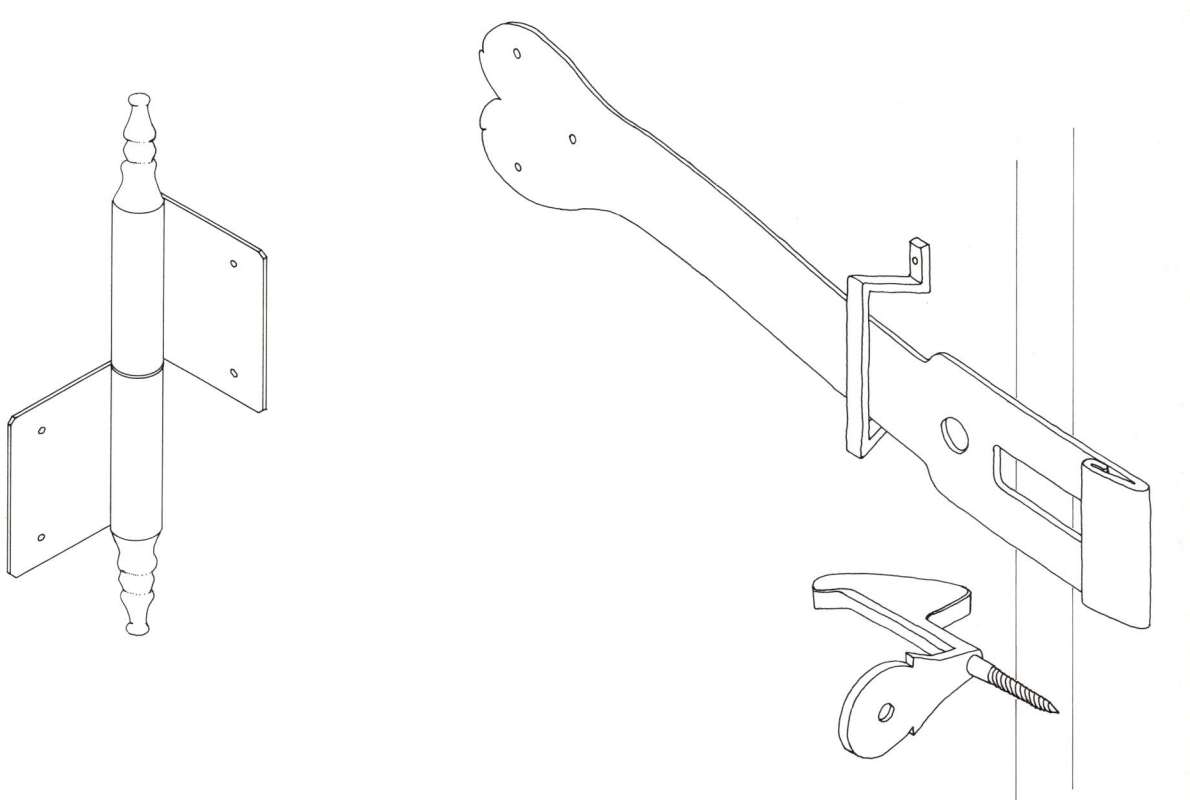

115 Die Schrankfeder mit Haken ▷

Restaurierung des Holzes

Die Türen

An der linken Tür wird das obere Fitschband ausgebaut. Dazu schlägt man mit dem Versenker die zwei Dorne, die durch die Tür und den Beschlag zur Sicherung gegen ein Verschieben getrieben worden sind, heraus. Das Band läßt sich jetzt leicht herausnehmen. Dann wird der neben dem Band entstandene Riß mit dem Schnitzmesser aufgesprengt, um den Weißleim, der bei einer früheren Restaurierung verwendet wurde, entfernen zu können. Die Fuge wird angezahnt, um die Leimfläche zu vergrößern. Knochenleim wird angegeben, und die Tür in der Breite zusammengespannt. Über die Fuge, die auf beiden Seiten mit Plastikfolie unterlegt wurde, werden zwei angewärmte Zulagen – gegen ein Verschieben des Bruches in der Stärke – mit Zwingen festgespannt. Nach dem Trocknungsprozeß wird der Leim, der beim Zusammenpressen unter der Folie ausgetreten ist, mit warmem Wasser abgewischt.

Der Korpus (Abb. 116–123)

Die durch die Anbringung von Haken entstandenen Löcher an den Ecklisenen und der rechten Seite werden mit Holzkitt geschlossen. Dieser Arbeitsgang muß nach ein paar Stunden wiederholt werden, da der Kitt beim Trocknen nachsinkt.

Die Rückwand, die locker ist, wird unter Verwendung von Zulagen mit Zwingen auf dem Korpus wieder aufgeleimt. Einige verwurmte Holznägel werden ausgebohrt und ergänzt. Der durch Schwinden entstandene Spalt der Rückwand wird mit einer schmalen Leiste, die eingeleimt wird, geschlossen.

Die Profilleisten werden, soweit sie vorhanden sind, ergänzt. Dazu werden die ausgebrochenen Teile flächig mit dem Stemmeisen angeschnitten, und in Maserung und Farbe passende Holzteile angeleimt. Diese werden nach dem Trocknen mit dem Stemm- und Schnitzeisen in die richtige Form gebracht. Die fehlenden Leisten schneidet man aus altem Holz lang genug, damit später, ohne mit dem Material geizen zu müssen, die Gehrungen zugeschnitten werden können. Ein Herstellen der Profile auf der Fräse lohnt sich bei der kleinen Menge nicht. Deshalb leimt man die Profile aus zwei Stücken zusammen, damit die notwendigen Stufen entstehen. Die Kehlungen schlägt man mit einem passenden Bildhauereisen heraus und glättet sie dann mit Schleifpapier. Beim nächsten Arbeitsschritt werden die Gehrungen zugeschnitten, und die neuen Leisten mit Knochenleim auf den Schrank aufgeleimt. Nach dem Trocknen des Leimes werden diese mit Holznägeln gesichert und nochmals mit Stemmeisen und Schleifpapier an das Original angeglichen.

Die Klötze, die als Füße dienen, werden abgenommen und durch plattgedrückte, gedrechselte Kugelfüße an der richtigen Stelle ersetzt. Die vorderen Klötze sind nämlich unter dem Rahmen der Front angebracht worden und müssen, wie es die Abdrücke am Boden unter den Ecklisenen zeigen, dort befestigt sein.

Der fehlende Schubkasten der Inneneinteilung wird neu hergestellt. Dazu werden die Seiten mit dem Vorderstück und dem Rückteil verzinkt, der Boden stumpf aufgeleimt und mit Holznägeln gesichert. Dann wird ein Profil, das Zinken und Boden abdeckt, auf die Front aufgeleimt und auch mit Holznägeln gesichert. Bewegen läßt sich der Schubkasten durch einen Holzgriff, der in der Mitte etwas nach oben versetzt angebracht ist.

Damit sind die Holzarbeiten abgeschlossen.

116 Stufenförmig verleimte Leiste für das Sockelprofil des Schrankes

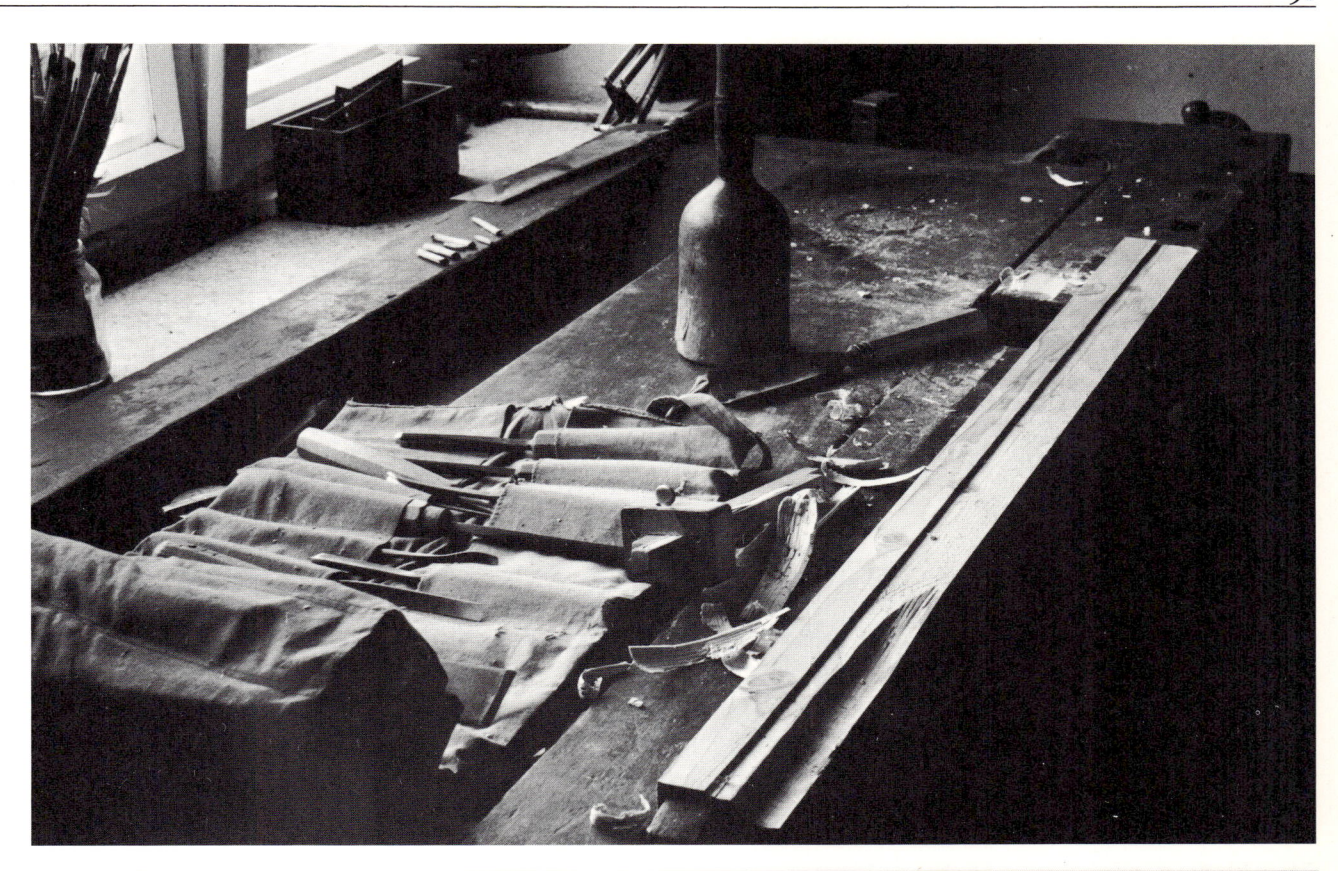

117 Die Leiste wird mit dem Schnitzeisen (Hohlbohrer) gekehlt.

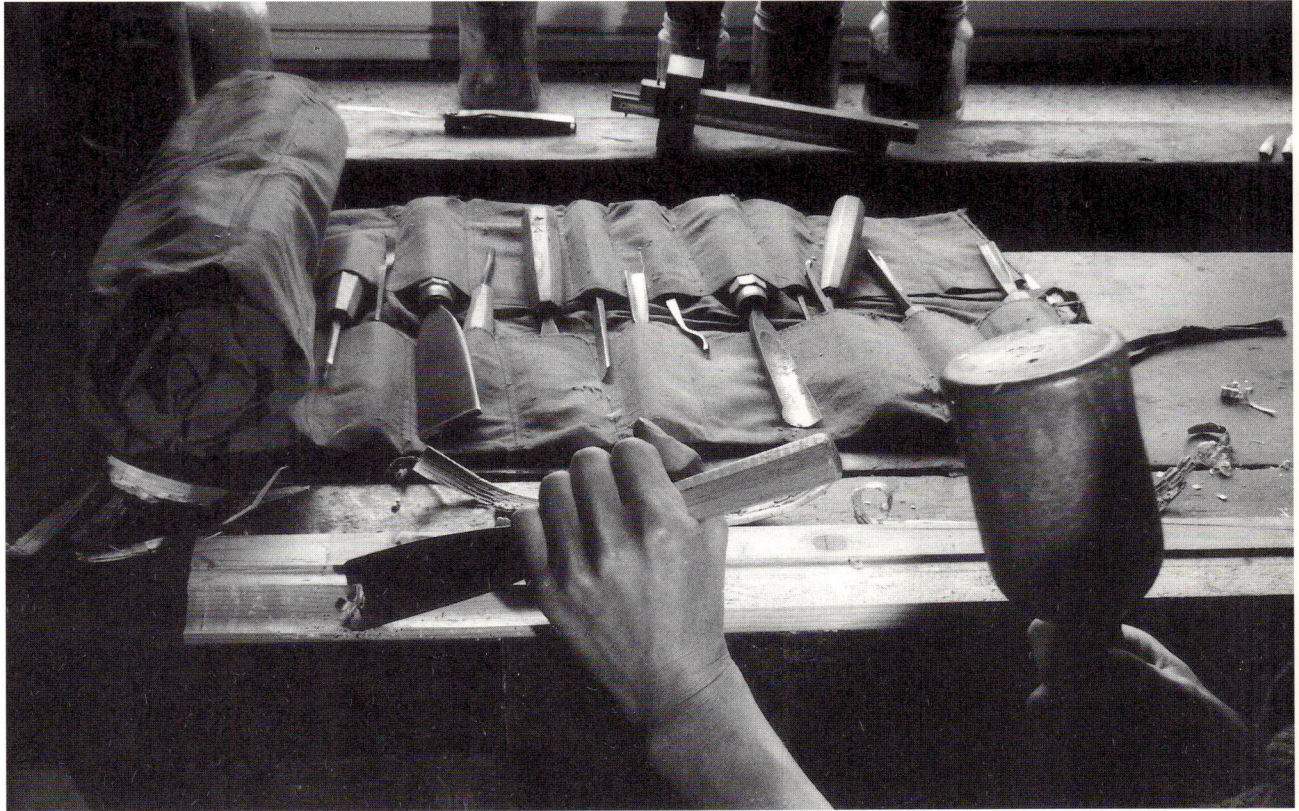

118 Detail der oberen rechten Profilleiste vor der Restaurierung

119 Detail der oberen rechten Profilleiste nach der Holzrestaurierung (die Leiste wurde schon mit Grund belegt, wie auch bei den folgenden Abbildungen in restauriertem Zustand).

120 Detail der rechten Sockelleiste vor der Restaurierung

121 Detail der rechten Sockelleiste nach der Restaurierung

122 Detail der linken Sockelleiste vor der Restaurierung

123 Detail der linken Sockelleiste nach der Restaurierung

Befund der Farbe

Für den Aufbau der Bemalung ist ein Kaseingrund, in den etwas Kreide und helles Ocker eingemischt wurde, aufgestrichen worden. Auf diesen glatten, aufgehellten Grund, der die Poren des Holzes geschlossen hat, wurden die mit Kasein gebundenen Pigmente aufgebracht. Dafür sind sechs Farben zur Verwendung gekommen.

Die Grundfarbe des Schrankes ist ein Kornblumenblau. Die Kassetten der Türen und Ecklisenen sind hellblau, ebenso die unteren zwei Absätze der Sockelleiste. Die Kehlung dieser Leiste ist wie die Kassetten der Seiten in hellem Ocker gehalten. Für die farblichen Akzente wurde hauptsächlich Rot, etwas Weiß, Grün und Goldbronze verwendet.

Die geometrische Anordnung der Bemalung ist durch die vorgegebene Holzkonstruktion und durch das Schloß mit bestimmt. In der Mitte jeder Tür, in der Höhe der Schlüsselschilder, ist eine runde, mit Fasen eingerahmte Rosette aufgemalt. Sie steht in goldener und dunkelbrauner Bemalung auf umbrafarbigem Grund. Ihr Durchmesser ist so groß wie das Schlüsselschild, und diese Breite setzt sich als Trennung zwischen den Kassetten quer über den ganzen Schrank fort.

Vom Mittelpunkt der Rosette ist ein weiterer Kreis mit einem 4 cm größeren Radius als die Rosette geschlagen worden, der die Einbuchtungen in den Kassetten bestimmt. Die obere, von der Fläche her kleinere Kassette, hat deshalb ihre Einbuchtung unten an dem Kreis orientiert und nimmt oben die Schweifung der Tür wieder auf. Die untere, größere Kassette hat ihren durch die Rosette bestimmten Einzug oben und schließt unten im rechten Winkel ab.

Auf die hellblaue Grundfarbe der Kassetten an Türen und Ecklisenen sind mit einer roten Schleife zusammengebundene, dekorative Blumensträuße aufgemalt worden.

Umrandet wird jede einzelne Kassette von einem roten Farbband, dessen Ecken durch S-förmige Schwünge belebt werden. Dieses ist beidseitig weiß eingefaßt, und die Farbe ist so aufgetragen worden, daß sie an den Seiten des Pinselstriches wulstartig ausgetreten und getrocknet ist. Innen ist der Farbauftrag dünner und läßt die Grundfarbe durchscheinen. Diese Technik läßt die weiße Einrahmung fast wie eine dreilagige Fase wirken und nimmt dem Farbauftrag die Härte. Ein solcher weißer Farbstrich umrandet auch die Kassetten der Ecklisenen und der Seiten und ist gleichfalls unter dem Profil der Krone als Kontrast benützt worden. Die Krone ist auf einen hellen Untergrund blau und rot, von der Mitte nach außen, in schrägen Streifen gestupft worden.

Die Schlagleiste der linken Tür ist außen braun und grün, sie ist wie das Mittelfeld blattartig nach oben gegliedert, in welches außerdem noch Goldbronze eingearbeitet ist. An bürgerlichen Möbeln jener Zeit ist dieses sich übergreifende Blattornament geschnitzt. Die Stege des Mittelfeldes sind wie die Krone blau-rot-gestreift gestupft.

Die Jahreszahlen sind in den oberen Kassetten der Türen unten in den Ecken plaziert worden. Ein optisches Gegengewicht dazu bilden die Äpfel und Birnen, die über den beiden Senkrechten der unteren Kassetten schweben.

Die fehlenden Kugelfüße erhalten beim Farbauftrag die Grundfarbe des Schrankes.

Die Inneneinteilung des Schrankes ist an den Kanten ebenso mit der kornblumenblauen Grundfarbe belegt worden; so wird auch die neu angefertigte Schublade gestrichen.

Zustand der Bemalung

Die ursprüngliche Bemalung des Schrankes ist ca. um 1880 mit brauner Farbe holzimitierend überdeckt worden. Aus dieser Zeit stammen auch die Abdrücke der zweiten Garnitur Beschläge. Ungefähr 80 Jahre später ist der Schrank »freigelegt« worden. Dabei wurde die Malerei stark mit Natronsalz verätzt und mechanisch zerrieben. Die Beschläge hat man erst nach diesem Vorgang abgenommen, denn dort ist das Braun noch gänzlich vorhanden und läßt erkennen, daß die darunterliegende Originalbemalung vor der »Freilegung« ganz erhalten war. An Rändern und Ecken, wo ein Hinkommen für den Hobbyrestaurator schwieriger war, sind noch braune Farbreste zu erkennen. Besonders deutlich sind die Spuren des Natronsalzes an den Seiten, an denen die Lauge schräg abgelaufen ist und sich bis zum Grund durchgefressen hat. Trotz dieser groben Eingriffe ist die Bemalung partiell erhalten und noch gut zu erkennen. Der Untergrund ist weitgehend in Ordnung, wogegen die Pigmentschicht stark angegriffen ist. Hier sind ca. 30-40% des Farbauftrages zerstört. Die bei der Restaurierung der Holzsubstanz ergänzten Teile treten aus dem Gesamtbild farblich stark hervor.

Restaurierung der Farbe
(Abb. 124–130)

Die Reste der Holzimitatübermalung, die vom letzten »Restaurator« nicht ganz entfernt worden sind, werden abgenommen. Dazu wird auf ein dünnes Holzstäbchen etwas Watte aufgedreht, welches dann mit Freilegepaste benetzt wird. Die Watte darf sich nur braun verfärben und kein anderes Farbpigment der Originalbemalung auf- bzw. ablösen. Da Freilegepasten in sehr unterschiedlicher Stärke angeboten werden, sollte der erste »Freilegungsversuch« immer an einer minderwertigen Stelle ausprobiert werden: in diesem Fall im Sockelbereich. Nach diesem Reinigungsprozeß wird der Schrank mit einem Wasser-Spiritus-Essig-Gemisch abgewaschen. Auch hierbei darf der Wattebausch keine Originalpigmente aufweisen.

Als nächster Schritt werden die Profile mit einer spirituslöslichen Beize eingefärbt und dann grundiert. Dies geschieht mit einer Kreide-Kaseinmischung. Der Auftrag des Grundes muß so dünn sein, daß man beim Auftragen das Gefühl hat, er würde überhaupt nicht decken. Nach dem Trocknen erscheint der Auftrag dennoch weiß und läßt die Struktur des Holzes durchschimmern. Danach werden alle neuen weißen Stellen mit lichtem Okker abgetönt, in das nur ein Hauch von Binder (Kasein) eingemischt wurde. Nun werden alle so grundierten Stellen mit feiner Stahlwolle abgerieben. Damit sind die Grundierungsarbeiten abgeschlossen, und die »Farben« können aufgetragen werden.

124 *Der Schrank vor der Restaurierung*

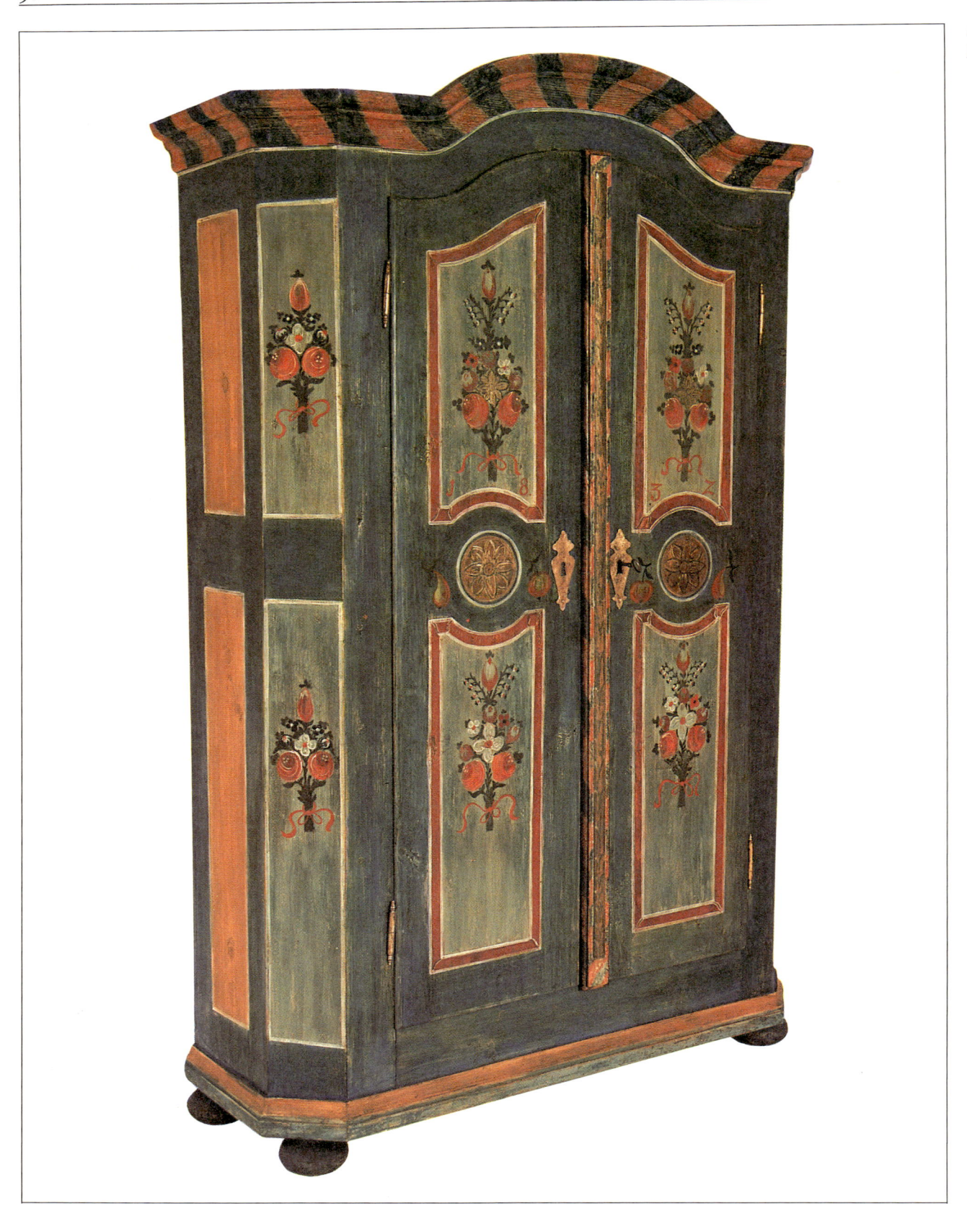

125 *Der Schrank nach der Restaurierung*

126   *Detail vor der Restaurierung*

127   *Detail während der Restaurierung*

128 *Detail vor der Restaurierung*

129 *Detail während der Restaurierung*

130 *Detail nach der Restaurierung*

Dazu werden auf einem separaten Brett, das vorher grundiert wurde, »Farbtests« durchgeführt. Danach werden die Grundfarben der Flächen des Schrankes nachgezogen und ergänzt. Die Pigment-Bindermischung soll dabei sehr dünn sein. Es dürfen keine Farbsprünge von Neu zu Alt entstehen. Durch den Alterungsprozeß ändert sich die Dichtheit, die Struktur und die Tönung jedes Farbtones ständig in den kleinsten Nuancen. Deshalb muß auf der Palette oder dem Teller, auf dem die Farbe angemischt wird, immer das ganze Spektrum der »Farbe« angerichtet sein. Dies allein bietet die Voraussetzung, den Farbauftrag möglichst genau an das Original anpassen zu können. Außerdem muß darauf geachtet werden, daß der Farbauftrag immer völlig trocken ist, bevor ein zweiter Materialauftrag erfolgt. Ist der Farbauftrag noch nicht trokken, oder die »Farbe« wird zu naß aufgetragen, reißt man den Untergrund und den ersten Aufstrich wieder auf und erzeugt dabei ungleichmäßige Strukturen. Wenn sämtliche Grundflächen geschlossen sind (Blau, Hellblau, Braunocker), wird auch der rote Rand um die Kassetten der Mittelfelder ausgebessert.

Nun beginnt die Restaurierung der Details. Dabei fängt man mit dem besterhaltenen Stück der Bemalung an: in diesem Fall bei dem oberen linken Feld der Tür. Der Blumenstrauß mit seiner Schleife wird vorsichtig retuschiert und wo nötig ergänzt. Diese Detailrestaurierung wird völlig abgeschlossen, bevor man zu dem nächsten Blumengebinde übergeht. (Man könnte natürlich auch an allen Sträußen zuerst das Grün, dann das Rot usw. auftragen. Dabei würde man aber am Schluß der Restaurierung eine gewisse Schematisierung wahrnehmen, die der Wirkung des Schrankes ihre Individualität nimmt.)

Nach der Fertigstellung aller Blumensträuße werden die Rosetten auch wieder einzeln ergänzt. Dabei wird zuerst das Gold aufgetragen und dann erst das Braun, das mit Umbra abgetönt wurde. Hier muß sehr dünn über die Fehlstellen retuschiert werden, um keinen »Anstrich« zu erzeugen. In das verwendete »Braun« von diesem Farbauftrag wird etwas Grün-Blau zugegeben und damit die einzelnen Blätter oder Facetten und der Mittelkreis der Rosette nachgezogen. Dieser Farbauftrag wird nach dem Trocknen mit feiner Stahlwolle etwas durchgerieben, bis das Gold wieder durchleuchtet. Das Gold wirkt jetzt harmonisch abgedämpft. Bei der Wiederherstellung der Rosetten wie auch der Äpfel und Birnen ist beim Farbauftrag darauf geachtet worden, daß die linke Seite des Schrankes eine Idee dunkler gemalt wurde als die rechte. Das verstärkt den Charakter einer natürlichen Alterung, denn an Schranktüren, die nie überstrichen und freigelegt wurden, sind diese Griffspuren, die die Malerei etwas abgedunkelt haben, immer zu finden.

Das Mittelfeld und die Außenränder der Stoßleiste sind in der gleichen Art wie die Rosetten hergestellt worden und werden auch so ergänzt. Die rotblauen »Streifen« auf den Stegen der Schlagleiste werden zusammen mit dem oberen Profil des Schrankes restauriert. Dazu wird dünn etwas Weiß im Strukturverlauf der »Streifen« fleckig aufgetragen. Nach dem Trocknen wird darüber das Rot und Blau gestupft. Nach erneutem Trocknen wird nochmals ein hauchdünner Farbauftrag in der entsprechenden Farbe darübergezogen. Die roten und blauen Aufträge müssen so »luftig« sein, daß das aufgetragene Weiß durchscheint.

Nach der Fertigstellung des Profiles und der Schlagleiste kann unter das Profil der abgrenzende Strich gezogen werden. Das Weiß wird dazu mit wenig Ocker und Umbra abgedämpft, um diesen Farbauftrag nicht »herausknallen« zu lassen. Genauso werden die Kassetten auf den Türen und dem Korpus umrandet. Als Anschlag für eine gerade Strichführung dient in einem Fall das Profil, bei den Flächen wird der Strich an einer Holzleiste entlanggezogen. Die Hilfsleiste muß nach dem Farbauftrag immer nach vorne, in Richtung der Kassette abgenommen werden, um die »Farbe« nicht zu verschmieren. Für die Rosetten und die Bögen an den Türen werden aus Sperrholz hergestellte Schablonen verwendet. Die Breite dieses Farbauftrages wird durch die Breite des Pinsels und den auf ihn ausgeübten Druck bestimmt.

Als letzter Arbeitsschritt vor dem Patinieren werden die Angeln und die Schlüsselschilder »vergoldet«. Die »Farbe« besteht aus Goldstaub (Hochglanz-Lackbronze), der mit etwas Umbra vermischt und in kräftigem Kasein gebunden wurde. Nach dem Trocknen kann mit dem Patinieren begonnen werden. Dies erfolgt mit viel Gefühl teils mechanisch, teils mit dünnem »Schmutzwasser« (in dem z. B. etwas Obstbaumasche und dunklere Erdfarben gelöst wurden). Mechanisch wird z. B. die »Goldfarbe« bearbeitet. Das linke Schlüsselschild wird dort, wo der Schlüssel immer wieder auf der Suche nach dem Schlüsselloch gewesen sein muß, etwas zerkratzt und dann mit Stahlwolle durchgerieben. Mit dem rechten Schlüsselschild wird etwas schonender umgegangen, wie auch mit den Fitschbändern, die z. B. nur an den Zierköpfen stark durchgerieben und sonst nur ein wenig verschlissen werden.

Auch an den bemalten Teilen des Schrankes, wo Abnützungserscheinungen sein müßten – wie an Kanten und Profilen –, wird mit sehr feiner Stahlwolle die Farbschicht etwas »bearbeitet«. Dabei ist zwar vorsichtig zu verfahren, aber man muß keine Angst haben, die Originalsubstanz zu beschädigen, wenn der Binder dünn genug verwendet wurde. Ist dieser Arbeitsprozeß abgeschlossen, dämpft man mit kaum binderhaltigem »Schmutzwasser« die noch zu stark hervortretenden Details ab. Fertig ist die Bemalung, wenn man selbst nicht mehr weiß, was alt oder neu ist. Danach läßt man den Schrank trocknen und einen Tag »ruhen«. Oft findet man am folgenden Tag doch noch eine Stelle, die man verändern möchte. Im Anschluß kann der Schrank gewachst werden. Nach dem Auftrocknen des Wachses (2-3 Tage) wird er mit einem Wollappen abgerieben. Jetzt können die patinierten Schlüsselschilder mit je zwei Messingnägeln angebracht werden. Damit sind die Restaurierungsarbeiten des Schrankes abgeschlossen.

DIE RESTAURIERUNG UND PFLEGE VON NATURHOLZMÖBELN
(Abb. 131–138)

Neben den bemalten Möbeln gab es auch immer das Naturholzmöbel. Für deren Herstellung wurde besonders schön gewachsenes und edles Holz verwendet. Gesunde Äste, geflammte Maserung wurden als Belebung eines solchen Möbels zwar verwendet, aber die Qualität des verwendeten Holzes und die hochwertige schreinerische Verarbeitung wurde neben dem Entwurf in den Mittelpunkt solcher Arbeiten gestellt. Eine Werkstatt zeigte bei solchen Arbeiten ihr handwerkliches Können und trug es offen zu Markte. Bemalte Möbel waren von der Holzqualität und der Verarbeitung oft wesentlich schlechter gebaut, da man Fehlstellen verspachteln und vertuschen konnte, da man ja wußte, daß die Möbel sowieso übermalt wurden. Heute findet man aber neben den Naturholzmöbeln, Mengen von abgelaugten Gegenständen, die neben ihrer mangelhaften Verarbeitung auch noch die Spuren von Laugenbädern und ähnlichen Mißhandlungen aufweisen.

Bei der Restaurierung von Naturholzoberflächen und solchen, die »gelaugt« worden sind, muß in beiden Fällen mit großer Vorsicht gearbeitet werden. Zuerst müssen die notwendigen Schreinerarbeiten wie an den beiden beschriebenen Beispielen durchgeführt werden.

Bei dem Naturholzmöbel kann nach der Restaurierung der Holzsubstanz mit der Veredelung der Oberfläche begonnen werden. Das gilt aber nicht für das ehemals gestrichene oder bemalte Möbel, das abgelaugt wurde. Hier muß ein Arbeitsablauf stattfinden, der mühevoll, zeitaufwendig und genau durchgeführt werden muß, um ein befriedigendes Endprodukt zu erlangen. In alle Ritzen und Spalten ist Farbe eingedrungen, die entfernt werden muß. Auch in Ecken und Profilkanten werden sich Farbreste finden. Deshalb sollte man alle Einzelteile, wie Leisten und andere aufgesetzte Stücke entfernen und gesondert säubern. Das muß mechanisch mit einem scharfen Stemmeisen oder mit anderen dafür geeigneten Werkzeugen vonstatten gehen. Dabei muß oft die Farbe, die in Wurmlöchern geblieben ist, sogar Loch für Loch mit einer Nadel herausgekratzt werden.

Verfährt man bei diesen Detailarbeiten nicht sorgfältig, wird man immer Farbreste, die den Gesamteindruck stören, nach der Fertigstellung sehen. Hat man alle Farbreste und ehemaligen Verkittungen entfernt, kann mit der Veredelung der Oberfläche begonnen werden. Durch die Ablaugmittel (meist Natronsalz) haben sich weiße Ausblühungen und Verfärbungen gebildet, die neutralisiert werden müssen. Dafür empfiehlt sich verdünnte Essigessenz, mit der das Möbel abgerieben wird.

Nach dem Trocknungsprozeß kann mit dem Schleifen begonnen werden. Dabei sollte man als erstes an die eigene Gesundheit denken! Auch nach dem Neutralisieren sind in den Poren noch Spuren von dem Natronsalz vorhanden, die beim Schleifen in die Luft gewirbelt werden und dann beim Einatmen in die Lunge gelangen. Dort reizen und beschädigen sie die Atemwege! Deshalb sollten wenigstens einfache Atemschutzgeräte (Gazefilter) und Schleifmaschinen mit Absaugung (Rutscher mit Staubsack) verwendet werden. Dieser Arbeitsschritt sollte im Freien oder zumindest bei geöffneten Fenstern stattfinden. Die Körnung des Schleifpapiers muß sehr fein sein, um keine »Ringerln« zu hinterlassen, die durch die exzentrische Schwungscheibe der Schleifmaschine entstehen. Um so höhere »Touren« eine Maschine hat und um so feiner das Schleifpapier ist, desto schöner wird die bearbeitete Oberfläche ausfallen. Wer eine perfekte Oberfläche erreichen will, beginnt mit Schleifpapier mit der Körnung 180 und endet beim letzten

Schliff mit einem 320er Papier. Nach solch einem Schliff glänzt die Holzoberfläche schon fast von selbst. Da alle Leisten abgenommen worden sind und der Korpus nur noch aus Flächen besteht, können die meisten Teile mit der Maschine bearbeitet werden. Alle anderen Kanten müssen mit der Hand geschliffen werden, der Maserung folgend, wenn man mit der Maschine nicht hinkommt. Alle Versuche, das trotzdem zu probieren, verunstalten die Kanten und das Zierwerk. Außerdem muß versucht werden, möglichst wenig Materie wegzuschleifen, um nicht unnötig viele Wurmgänge, die oft knapp an der Oberfläche des Möbels liegen, bloßzulegen. Das sieht dann später häßlich aus, und diese Gänge müssen außerdem verkittet und erneut geschliffen werden.

Ist der Schleifvorgang abgeschlossen, wird das Möbel immer in Richtung der Maserung mit der feinsten Stahlwolle, die mit 000 bezeichnet wird, im Verlauf der Maserung nochmals geglättet. Eisennägel der Profile und Zierteile werden durch Holznägel ersetzt, Fehlstellen nochmals nachgebessert und alle abgenommenen Teile wieder befestigt. Danach muß nochmals »gestahlwollt« werden.

Nun kann ein so weit bearbeitetes Möbel wie ein normales Massivholzmöbel weiter behandelt werden. Offene Wurmgänge werden entsprechend der Holzfarbe mit *Kitt* geschlossen und später nach dem Trocknen desselben sauber verschliffen und nachgearbeitet. Die letzten bleibenden Fehlstellen werden vor dem Wachsüberzug mit Wachskitt geschlossen. Kitt sollte übrigens immer eine Spur dunkler sein als die Originalfarbe des Holzes, da er zu hell verwendet aus dem Möbel unangenehm heraussticht. Ausgebesserte Teile können nun im Originalton des Holzes gebeizt werden.

Sind diese Arbeiten an der Wiederherstellung der Holzsubstanz abgeschlossen, kann der Schutz, der die Oberfläche gleichzeitig betont und verstärkt, aufgetragen werden. Bei Hartholzmöbeln wird zuerst eine sehr verdünnte Schellacklösung aufgetragen, die zwei Tage später nochmals »gestahlwollt« wird. Danach folgt wie beim Weichholzmöbel das Wachsen mit einer flüssigen Bienenwachslösung. Diese kann wie im Kapitel Lacke und Wachse beschrieben die unterschiedlichsten Beigaben enthalten. Der Laie sollte fertige Bienenwachslösungen aus dem Fachhandel benutzen. Der Auftrag soll so dünn wie möglich sein und soll nach ca. zwei Tagen auspoliert werden. Nach einer Woche sollte dieser Vorgang wiederholt werden. Dieser Oberflächenauftrag ist zwar griffest, glänzend, taktil angenehm, aber nicht vollkommen wasserfest.

Haben sich bei der Benutzung eines solchen Gegenstands einmal Wasserflecken oder Griffstellen gebildet, so ist das behandelte Möbel leicht zu pflegen. Dazu nimmt man etwas feinste Stahlwolle, reibt die Flecken in Richtung der Maserung heraus und trägt danach etwas neues Wachs auf. Ein derart gepflegter Gegenstand wird dann mit der Zeit immer schöner im Ton, wird durch das dünn aufgetragene Wachs genährt und wird wahrscheinlich den Urenkeln noch viel Freude machen.

131 Bauernschrank, Nadelholz, abgebeizt, 19. Jh.
München, Auktionshaus Hugo Ruef

132 Wand-Einbauschrank aus massivem Nußbaum, in überstrichenem Zustand, Frankreich, um 1800

133/134 Der dreilagige Anstrich wird an einer Tür mit Abbeizgelee entfernt.

135 Detail einer abgebeizten Stelle. Nachdem das Holz mit Essigwasser nachgewaschen wurde, um die Lauge zu neutralisieren, wird die Türe mit feinster Stahlwolle geglättet. Auf ein Schleifen mit Papier wird verzichtet, um die Wurmgänge nicht aufzuschleifen.

136 Die Wurmlöcher werden mit entsprechend gefärbtem Holzkitt verspachtelt.

137 Nach dem Trocknen des Kitts wird überflüssiges Material mit entsprechender Verdünnung abgewaschen. Danach wird die Tür mit einer Spiritusbeize leicht eingefärbt. Kleinste verbleibende Fehlstellen werden mit Wachskitt geschlossen, bevor das Holz mit flüssigem Bienenwachs eingelassen wird. Nach dem Trocknen und Polieren wird der Beschlag wieder angebracht.

138 Details zweier Türen vor und nach der Restaurierung

ANHANG

Glossar

Absetzsäge
Bügelsäge mit schräg gestelltem Blatt, das einen besonders scharfen und klaren Schnitt hinterläßt.

Achat
Halbedelstein, der in einer Metallmanschette eingefaßt ist, an einem Holzgriff befestigt. Er dient zum Polieren von Fassungen und Vergoldungen. Die Form der Spitze des Achates ist für Flächen spachtelähnlich, für Ornamente säbelförmig gekrümmt.

Adern
– dienen der Belebung von Flächen. Sie können aus Holz oder Metall hergestellt werden oder aber aufgemalt sein. Das Einlegen erfolgt entweder vor dem Furnieren beim Zusammensetzen oder durch Einschneiden einer Nut für die Ader in der fertig furnierten Fläche.

Adhäsion
Ansaugkraft durch Verdunstung

Ammoniakkasein
Mit technisch reinem Kasein, Wasser und Hirschhornsalz hergestellter Leim, der verdünnt zum Binden von Pigmenten benutzt wird.

Anschlagen
– beweglicher Möbelteile. Unter dieser Bezeichnung versteht man das Anbringen der verschiedenen Bänder, Schlüsselschilder, Schließvorrichtungen, die für die Funktion eines Möbels notwendig sind.

Arbeiten
– des Holzes. Holz kann an seine Umgebung Feuchtigkeit abgeben und ebenso aus ihr Feuchtigkeit aufnehmen; es ist »hygroskopisch«. Durch diese Abgabe bzw. Aufnahme von Feuchtigkeit ändern sich Größe und Form des Holzes. Es kann schwinden und quellen, sich werfen bzw. verziehen und reißen. Man nennt diese Vorgänge das »Arbeiten« des Holzes.

Ausstemmen
– des Holzes, dort wo ein Hinkommen mit der Säge nicht möglich ist, wird mit einem Stemmeisen überflüssiges Holz mit Zuhilfenahme eines Knüpfels vorsichtig herausgearbeitet.

Bänder
– sind Metallbeschläge für bewegliche Teile z.B. für Türen und Klappen. Neben Scharnieren, Zapfenbändern und Schippenbändern findet man an Möbeln häufig das *Fitschband* – ein Einstemmband, dessen Lappen (Metallflügel zur Befestigung) eingestemmt werden. (Der Name Fitschband stammt aus dem Französischen: ficher = einschlagen.)

Beizen
Mit dem Wort »beizen« werden alle Tätigkeiten, die eine Umfärbung des Holzes bezwecken sollen, zusammengefaßt. Es muß jedoch zwischen Färben und Beizen unterschieden werden, weil bei jedem der beiden Verfahren verschiedene Vorgänge auf der Holzoberfläche stattfinden. Das Beizen ist ein chemischer Vorgang, der tief in die Oberfläche eindringt; das Färben will die Oberfläche tönen – nicht tief in sie eindringen, sondern nur an der Oberfläche verhaften, z.B. mit einem gefärbten Lack.

Bemalung
Bei einer Bemalung wird kein komplizierter Aufbau der Gründe wie bei einer Fassung vorgenom-

men, sondern nach einem dünnen Grund wird die »Farbe« gleich auf den Träger aufgebracht.

Beschläge

Besonders in der romanischen Zeit wurden Möbel, vor allem Truhen, mangels Kenntnis geeigneter Holzverbindungen durch Metallbänder zusammengehalten. Man nannte sie Beschläge, da sie aufgenagelt wurden. Auch heute noch werden alle Metallteile, die zum Verbinden und Beweglichmachen von Holzteilen dienen, als Beschläge bezeichnet. Ihre Konstruktion und ihre Form sind mitbestimmend für das Aussehen und die Funktion des Objekts.

Blindholz

Holz, auf das weiteres Holz einer anderen Art geleimt wird.

Bohle

Im Sägewerk wird das Rundholz zu Brettern und Bohlen geschnitten. Die über 40 mm starken Bretter werden als Bohlen bezeichnet.

Dextrin

– wird aus Stärke (Kartoffel, Weizen, usw.) durch Einwirkung von Säuren und Hitze hergestellt. Dabei wird Stärke »abgebaut« und geht bei ca. 70°C in das »weiße Dextrin« über. Es hat eine gute Klebekraft und Pigmentbindevermögen, wird aber nie richtig wasserfest und muß mit Wachs oder dünnem Schellack geschützt werden.

Färben

Beim Färben werden die Holzfasern auf physikalischem Wege behandelt, d. h., es kommen Farbteilchen zur Auf- oder Anlagerung. Beim Färben von Nadelhölzern entsteht ein sog. negatives Farbbild. (Die weichen Jahresringe saugen mehr Farbstoff auf als die harten und werden dadurch dunkler.) Deshalb färbt man im allgemeinen nur Hölzer ohne auffallende Struktur.

Falz

Er entsteht, wenn rechtwinklig von der Stärke der Brettfläche Holz entfernt wird. Der Falz muß die Stärke des aufzunehmenden Brettes besitzen. Der mit »Fälzen« bezeichnete Vorgang bildet eine Holzverbindung, die vorwiegend beim Bau von Flächen aus Rahmen und Füllung angewandt wird.

Fase

Besitzt ein Brett eine mit dem Hobel abgeschrägte Kante, wird diese Fase genannt. Beim Intarsieren wird eine Ader auch als Fase bezeichnet, genauso bei der Nachahmung derselben in der Malerei.

Fassung

Bemalung oder Vergoldung auf mehrere übereinandergelegte Gründe; z. B. bei Skulpturen und Altarbildern, seltener an Möbeln.

Fitscheisen

Werkzeug zum Einschlagen von schmalen Schlitzen, z. B. für die Lappen von Einstemmbändern.

Fräsen

An der Fräsmaschine lassen sich viele Holzverbindungen leicht herstellen und Schweifungen einfach nachformen und glätten. Einfach geschweifte Bogenteile werden am Falz- oder Messerkopf gehobelt. Die Sperrholzschablone läuft an dem auf dem Falzkopf liegenden Anlaufring entlang und sichert die genaue Form der Schweifung. Beim Restaurieren eignet sich eine Oberfräse (Handmaschine) vorzüglich zum Ausbessern von Löchern und Fehlstellen genauso wie für das Einfräsen von Beschlagteilen.

Freilegepaste

Fluidpaste zum Entfernen alter Farbschichten.

Furniere

– sind Holzblätter von unterschiedlicher Dicke. Früher sind sie in einer Stärke von 2–5 mm gesägt worden. Meist wurde dieses Furnier aus Edelhölzern hergestellt und für Intarsienarbeiten verwendet. Man spicht hier von »Sägeschnittfurnier«. Heute wird fast nur noch Schäl- oder Messerfurnier verarbeitet, das unter Dampf hergestellt wird. Es hat nur noch eine Dicke von 6/10 bis 36/10 mm und ist für Restaurierungen meist ungeeignet.

Gehrung

Beim Anbringen von Profilen an einem Schrank werden diese so an den Ecken verbunden, daß kein Hirnholz sichtbar ist. Dazu werden beide Teile auf Gehrung geschnitten, d.h., beide Hirnholzenden werden in einem entsprechenden Winkel abgeschnitten. Die entstehenden Gehrungsflächen werden dann zusammengeleimt.

Glutinleim

Aus tierischen Abfallstoffen hergestellter Leim. Glutin ist der Eiweißstoff, der dem Leim die Bindekraft verleiht; z.B. Haut-, Leder-, Knochen-, Mischleim, usw.

Gratverbindung

Die Gratleisten schützen breite Massivholzplatten (Brettsitze, Tischplatten) vor dem Werfen, ohne sie am Arbeiten zu hindern. Sie sind aus Hartholz gefertigt. Die mit einer Gratfeder versehene Leiste wird in die Gratnut (trapezförmig) eingeschoben. Das Graten wird auch als sehr haltbare Verbindung beim Zusammenbauen von Seiten und Böden an massiven Kastenmöbeln angewendet.

Grund

Als Grund wird jeder Farbauftrag gezählt, der vor der eigentlichen Bemalung auf den Träger aufgebracht wird.

Hartholz

Die Härte des Holzes ist von der Dicke und Festigkeit der Zellwände, von der Dichte des Zellgefüges und von dem Zelleninhalt abhängig. Langsam gewachsenes Holz ist härter als schnell gewachsenes. Splintholz ist weicher als Kern- oder Reifholz. Zu harten Hölzern zählen u.a.: Ahorn, Birnbaum, Eiche, Nußbaum, Rotbuche. Zu sehr harten: Buchsbaum, Pflaume, Pockholz, Weißbuche u.a.

Harzgallen

– sind mit Harz gefüllte Zellenzwischenräume. Diese entstehen bei starkem Wind, wenn im Stamm Zellenwände platzen. Sie kommen bei den meisten Nadelhölzern vor, besonders bei Kiefer und Fichte, äußerst selten, fast nie, bei der Tanne.

Hirnholz

Holz, das senkrecht zur Längsachse des Baumes geschnitten wurde. Die Gefäße verlaufen senkrecht zum Schnitt.

Hygroskopisch

Die Eigenschaft eines Materials, Wasser aufnehmen und wieder abgeben zu können.

Intarsie

Holzeinlage in Massivholz.

Jahresringe

Bei dem Querschnitt eines Stammes liegt ungefähr in der Mitte das Mark. Ringförmig wird dieses von den sogenannten Jahresringen von verschiedener Breite umzogen. Jeder Jahresring setzt sich aus einer breiten hellen Schicht, dem Frühholz, und einer schmaleren dunklen Schicht, dem Spätholz, zusammen. Das Frühholz – dünnwandig und weiträumig – ist im Frühling gewachsen; die Holzmasse ist dabei locker und porös. Das Sommer- oder Spätholz besteht dagegen aus dickwandigen, engräumigen Zellen. So entsteht die hellere und dunklere Tönung der Jahresringe. Es folgen also abwechselnd dunkles Spätholz und helles Frühholz aufeinander. Bei einigen wenigen Laubbäumen ist das Verhältnis umgekehrt. Die Breite der Jahresringe kann durch klimatische Einflüsse wechseln. Außerdem sieht man beim Querschnitt bei manchen Laubbäumen die Markstrahlen, s. Seite 113.

Kaseingrund

Drei Teile Wasser und ein Teil Kaseinkalkleim oder Topfenkasein (Topfen und Sumpfkalk) werden mit Hellstoffen z.B. Kreide versetzt und unter Malereien gelegt, um einen hellen transparenten Malgrund zu erhalten. Auf diesem Grund schlagen die Farben auch nicht mehr so stark weg.

Kaseinkalkleim

Aus wasserunlöslichem Kasein und gelöschtem Kalk hergestellter Leim, der im überdachten Außenbereich seine Anwendung findet. Verdünnt kann er auch als Binder für Pigmente verwendet werden.

Kitt
Paste zum Ausfüllen und Verspachteln von Fehlstellen (Leim- und Holzkitt u. a.).

Körner
Werkzeug, mit dem vor dem Bohren die Mitte des Bohrloches markiert wird (angekörnt wird), um beim Bohren ein Abrutschen und Falschbohren zu verhindern.

Lacke
– und Firnisse sind Anstrichstoffe, die, in dünner Schicht auf dem Untergrund aufgetragen, durch chemische und physikalische Reaktionen einen auf dem Untergrund fest haftenden Film bilden. Sie sind in verschiedene Gruppen eingeteilt:

1. Ölfirnisse. Sie bestehen aus pflanzlichen oder tierischen Ölen, die mit Trockenstoffen (Sikkativen) gekocht werden. Zu dieser Gruppe gehört vor allem der Leinölfirnis.

2. Flüchtige Lacke bestehen aus einem Lackkörper, der in einem Lösungsmittel gelöst ist. Nach dessen Verdunstung bleibt der Lackkörper als fester Film auf dem Untergrund zurück. Lösungsmittel sind flüchtige Stoffe wie Alkohol (Spiritus) oder Politurverdünnung u. a. Als Lackkörper finden sich Naturprodukte wie Schellack, Kopal, Kolophonium, ferner Zelluloseverbindungen. Daneben gibt es die Lackgruppe der Kunstharze und Nitrolacke, die für Restaurierungen aber meist nicht geeignet sind.

Lasur
Mit Farbstoffen oder Pigmenten angereicherte Lösung, die nicht deckt, sondern beim Auftrag das schon Vorhandene mit einem Hauch von anderer Färbung – Tönung – belegt.

Laufleiste
Leisten, die an den Innenseiten eines mit Holz umschlossenen Raumes angebracht sind, um Schubkästen bewegen zu können. Die Vorderstücke derselben heißen Laufleistenvorderstücke. Bei antiken Möbeln sind die Laufleisten eingegratet und mit dem Vorderstück verzapft.

Leim
– ist das wichtigste Mittel zum festen Verbinden von Holz mit Holz sowie von Holz mit anderen Stoffen, z. B. mit Elfenbein, Perlmutt, Schildpatt, Knochen, Metallen, Steinen und Gipsen usw. Durch das Verleimen werden Einzelteile durch eine abbindende Leimschicht fest miteinander verbunden. Ein Leim soll dauernd hohe Bindekraft besitzen und sich leicht verarbeiten lassen. Die Holzleime teilt man nach Art ihrer Rohstoffe in Eiweißleime (tierische Leime) und Kunstharzleime (synthetische Leime) ein. Bei Eiweißleimen unterscheidet man Glutinleime und Kaseinleime.

Leimgrund
Stark verdünnter Glutinleim, der mit Hellstoffen (Kreiden) versetzt als Untergrund für Bemalungen dient, kann in vorgeschriebener Reihenfolge den Untergrund für eine Fassung oder Vergoldung bilden.

Leimpinsel
– sind gebundene Borstenpinsel, die keine Metallmanschetten aufweisen dürfen, da Metall, vor allem Eisen, den Leim häßlich verfärbt und ihm seine Bindekraft nimmt.

Leimtränke
Sie ist der erste dünne Auftrag mit Glutinleim für eine Bemalung oder spätere Fassung. Hierbei muß der »Handballentest« durchgeführt werden.

Leinöl
– wird aus Samen des Flachses gewonnen; es erzeugt einen einfachen Überzug und ist für Rohholz und einfach gebeiztes Holz hin und wieder verwendbar. Dem Holz verleiht es einen glanzlosen, warmen Ton. Zirbelkiefervertäfelungen, -decken, und Möbel läßt man manchmal mit Leinöl ein. Es braucht jedoch Wochen, um völlig zu trocknen und wird mit einem Lappen heiß aufgetragen. Der aus dem Öl gewonnene Firnis ist wasserunlöslich und bildet einen durchsichtig-glänzenden Überzug, wobei das Strukturbild des Holzes erhalten bleibt. Leinölfirnis ist kalt und dünn aufzutragen und trocknet bereits in ca. 24 Stunden. Leinöl riecht

beim Auftrocknen stark und kann in einen etwas ranzigen Geruch übergehen. Zum Restaurieren ist es nur hin und wieder geeignet, jedoch äußerst brauchbar zum Einlassen von Hobelbänken und Arbeitstischen.

Lösche

– wird als letzter Überzug über die fertigen Gründe für eine Fassung oder Vergoldung aufgetragen. Sie besteht aus sehr dünnem Leimwasser, etwas Spiritus und destilliertem Wasser. Im Fall einer Vergoldung wird statt Leimwasser geleimtes Poliment verwendet.

Markstrahlen

Neben Jahresringen und Poren sind bei manchen Laubbäumen die Markstrahlen zu erkennen. Diese verlaufen vom Mark aus strahlenförmig zur Rinde und führen den Saft vom lebendigen Äußeren zum toten Inneren des Stammes, um dort Mineralien zum Schutz vor Schädlingen und für die Stabilität einzulagern. Besonders sichtbar sind sie z. B. bei Eiche, Rotbuche oder Ahorn, bei Nadelhölzern oder Pappel u. a. sind sie nicht erkennbar.

Maser

Man versteht hierunter Holzmaterial, das gegenüber der normalen, schlichten Zeichnung eine wellige, unregelmäßige Zeichnung (Maserung) aufweist. Diese Maserung entsteht durch die Wachstumsart des Stammes; z. B. aus dem Wurzelstück (Wurzelmaser) oder aus Wucherungen und Mißbildungen des Stammes. Diese »Knollen und Mißbildungen« werden als Furnier aufgeschnitten, und man spricht dann beispielsweise von »Rosenmaser, Nußbaummaser« oder von Wurzelmaser.

Mattierungen

– sind Lösungen von Schellack oder Nitrozellulose, die auf dem Holz auf einfache Weise einen matt-glänzenden Schutzüberzug ergeben. Ihre Anwendung ist dann angebracht, wenn dieser Überzug nicht unbedingt geschlossen und wasserfest sein muß. Das Mattieren wird bei grobporigen Hölzern wie Eiche oder Rüster bevorzugt, weil dadurch die Eigenart des Oberflächenbildes erhalten bleibt. Einige Tage später kann eine so behandelte Oberfläche, nachdem sie »gestahlwollt« worden ist, gewachst werden.

Netze

Lösung, die hauptsächlich aus Alkohol und destilliertem Wasser besteht. Sie dient zum Anlegen des Goldes, das durch Adhäsion am Träger festklebt und später mit dem Achat poliert wird.

Nut

Das Nuten ist eine schreinerische Verbindung von Brettstücken; die Verbindung entsteht, indem man aus dem einen Brett die Nut herausfräst und das Gegenstück mit einer Feder versieht.

Oberflächenbehandlung

– des Holzes wird vor allem aus zwei Gründen vorgenommen. 1. Zum Schutz vor Verschmutzung und Beschädigung durch Feuchtigkeit, Stoß, Verkratzung und auch vor Schädigung und Zerstörung durch Mikroorganismen (z. B. Milben, die Leim und Binder zerstören) und Holzschädlingen. 2. Zur Steigerung der Schönheit des Naturholzes.

Pigmente

Festfarbstoffe, die, mit Binder versetzt, vermalt werden können.

Polieren

Unter Polieren versteht man im allgemeinen, die Fläche eines Materials durch Schleifen glänzend oder hochglänzend zu machen, d. h., durch wiederholtes Schleifen werden Flächen geebnet, geglättet. Während man dies bei Metallen, Elfenbein, Knochen, Perlmutt usw. ohne Auftrag eines fremden Stoffes erreichen kann, ist dies bei porösem und mehr oder minder weichem Holz nicht möglich. Erst muß ein durchsichtiges Material aufgetragen werden, das zunächst die Poren des Holzes füllt und zugleich die Holzoberfläche mit einem harten, polierfähigen Film bedeckt. Auf diesem Untergrund werden dann alle weiteren Lackschichten aufgebaut. Polierbar ist vor allem Schellacklösung und daneben verschiedene Zelluloselacke und Kunstharze.

Poliment
Tonähnlicher Lehm, der in der richtigen Konsistenz auf den gelöschten Kreidegrund bei einer Vergoldung aufgetragen wird, gibt dem Gold die eigentliche Haftung und ermöglicht ein späteres Polieren des Goldes.

Poren
Aufgeschnittene Zellen im Holz. Man unterscheidet grobporiges Holz, z. B. Eiche und Rüster, und feinporiges Holz z. B. Ahorn und Pflaume. Feinporiges Holz wird gerne für Intarsienarbeiten benutzt, da es sich leicht polieren läßt. Grobporiges Holz wird meist nur grundiert und gewachst.

Porenfüller
Zum Füllen der Holzporen dienen Porenfüller. Sie bestehen aus Füllkörper und Bindemittel. Füllkörper sind Bimsmehl, Alabastergips, Porzellanerde, Schwerspat und Stärkemehl. Durchscheinende Füllkörper sind Glasstaub und pulverisiertes Harz. Bindemittel sind z. B. gelöster Schellack, Zelluloselack, Kunstharze usw.

Profil
Leisten oder Kanten, an denen in der Länge Material weggeschnitten, -gehobelt oder -gefräst wird, so daß Kehlungen, Wülste oder Stege entstehen. Alle Profile lassen sich auf vier Grundformen zurückführen. Man unterscheidet Platte, Stab, Hohlkehle und Karnies.

Putzen
– ist ein vorbereitender Arbeitsvorgang für die Vollendungsarbeiten an massiven und furnierten Holzflächen. Bevor Oberflächenbehandlungsmittel zur Anwendung kommen, ist die Holzoberfläche vorzubereiten. Dies geschieht mit dem Putzhobel, dem Balleisen und der Ziehklinge. Dieses Glätten nennt man Putzen, dem als nächster Arbeitsschritt das Schleifen mit immer feiner werdendem Papier folgt.

Quellen
– des Holzes. Bei Aufnahme von Feuchtigkeit vergrößert sich unter großem Druck das Volumen des Holzes, es quillt. Dieses Aufquellen ändert die Größe von Werkstücken derart, daß sie nicht mehr »passen«.

Retuschen
Ausbesserungen von Fehlstellen

Rohling
In der Bildhauerei wird die grob vorgearbeitete oder angehauene Form als Rohling bezeichnet. Auch im Bronzeguß wird das frisch gegossene, noch nicht weiter verarbeitete Werkstück so bezeichnet.

Rosette
(franz. »Röschen«). Zier- und Schmuckform in Gestalt einer aufblühenden Rose, altorientalischen Ursprungs. Man triff diese Schmuckform in Holz, Stein, Stuck und Metall umgesetzt oder auch gemalt in den verschiedensten Ausführungen und Stilrichtungen.

Schellack
– wird aus den Ausscheidungen der indischen Schildlaus (loccus lacca) gewonnen und enthält neben Harz geringe Mengen Wachs und Farbstoff. Er kommt in Form von dünnen Blättchen in den Handel. Seine Farbe ist bräunlich-gelb bis rotbraun, künstlich gebleichter Schellack ist weiß. Schellack ist alkohollöslich. Er ist Ausgangsstoff für Schellackpolituren und Mattierungen.

Schellackballen
Wollknäuel mit Leinenüberzug, das mit Politur getränkt ist.

Schichtverleimung
An Möbeln wird sie oft für Schweifungen und Zargen angewendet. Dabei werden, um dem »Sich-Verziehen« vorzubeugen, mehrere Bretter unter dem Motto »Kern an Kern und Splint an Splint« zusammengeleimt. Aus diesem verleimten Block werden dann z. B. die Vorderstücke für eine geschwungene Kommode mit der Bandsäge ausgeschnitten. Diese Verarbeitung findet nur dann Anwendung, wenn die Kommode später furniert

oder bemalt wird, da man sonst die einzelnen Lagen der Verleimung sehen würde.

Schlitz und Zapfen

Holzeckverbindung. Sie wird sehr häufig beim Herstellen von Möbel- und Fensterrahmen angewendet. Die aufrecht stehenden, vertikalen Rahmenteile (Friese) erhalten Schlitze, deren Tiefe der Stärke der waagerechten Rahmenteile entspricht. Letztere tragen die Zapfen, die nun in die Schlitze geschoben werden. Der Zapfen entspricht in seiner Länge der Stärke des vertikalen Rahmenteiles, in seiner Stärke der Breite des Schlitzes. Dabei kann der Zapfen entweder rechtwinklig, einseitig auf Gehrung oder beidseitig auf Gehrung abgesetzt sein, s. Zeichnung Seite 13.

Schrupphobel

Ein Hobel, mit dem man Rückwände und andere nicht sichtbare Flächen an Möbeln bearbeitet, um die Oberfläche des Holzes zu vergrößern. Dies macht man, um dem Reißen des Holzes entgegenzuarbeiten. Die Sohle des Hobels wie auch der Schliff des Hobelmessers ist rund und hinterläßt im Holz eine flache, halbrunde Kehlung. Auch sichtbare Balken werden, um sie rustikal erscheinen zu lassen, »geschruppt«.

Schübe

Schubladen, Schubkästen.

Schwalben s. Zinken

Schwinden

– des Holzes. Bei Abgabe von Feuchtigkeit schrumpfen die Zellen. Das Holz verringert sein Volumen, es schwindet. Dies geschieht jedoch nicht nach allen Richtungen gleichmäßig. Dadurch verändert sich auch beim Schwinden die Form der Hölzer. Das Schwinden ist ein Teilprozeß des »Arbeitens« des Holzes.

Sockelzarge

Am Boden eines Möbels angebrachte Längsholzleisten, die geschweift sein können und den Boden dicker erscheinen lassen.

Splint an Splint, Kern an Kern

– ist die wichtigste Faustregel beim Verleimen von Flächen. Da ungleichmäßiges »Arbeiten« der Bretter Spannungen in der verleimten Fläche erzeugt und sie verzieht, sollten nur gleichartige Bretter zusammengeleimt werden. Feinjähriges Holz darf nicht an grobjähriges geleimt werden, weil letzteres die Feuchtigkeit viel stärker aufnimmt und deshalb stärker quillt. Die einzelnen Bretter werden so hingelegt und zusammengezeichnet, daß immer Kern an Kern und Splint an Splint stößt. Man sagt, die Bretter werden gestürzt, s. Zeichnung Seite 13.

Stehende Jahre

– ergeben sich beim Einschneiden von Stämmen zu Brettware dann, wenn das jeweilige Brett möglichst aus dem Stamm so geschnitten wird, daß der Schnitt radial durch den Stamm geführt wird. Diese Bretter besitzen zwar keine schöne Fladerung, sind jedoch von besonderer Formbeständigkeit, s. Zeichnung Seite 13.

Stollenbauweise

Bei einer Truhe z. B. in Stollenbauweise sind vier durchlaufende, zugleich die Füße bildende Eckstützen, die Stollen, das statische Grundelement. In diese Stollen sind Nuten eingearbeitet, in die die Seiten eingeschoben werden. Dafür müssen sie mit einer Feder versehen werden oder nur so breit wie die Nut sein. Diese Verbindung wird dann mit Holznägeln, die durch Wange und Feder gebohrt sind, gesichert. Wegen der Haltbarkeit werden für diese Arbeitsweise nur Harthölzer verwendet.

Stoß

Verbindungs- oder Berührungsstelle.

Stumpf verleimen

Das Verleimen von zwei einzelnen Holzteilen mit ebenen Flächen ohne zusätzliche Holzverbindung.

Stupfen

– von Farbe. Der Pinsel wird dabei nicht gezogen, sondern an das Werkstück im rechten Winkel gedrückt.

Terpentinöl

– wird aus dem Holz von Kiefern, Tannen und Fichten gewonnen. Es ist durchsichtig, leicht flüchtig, schnell brennbar und stark riechend. Terpentinöl wird nicht nur als Lösungsmittel für Harze und Wachse, sondern auch als Verdünnungsmittel für Leinöl, Öllacke und Naturholzlacke verwendet.

Träger

Untergrund, auf den eine weitere Materialschicht (Furnier, Kreidegründe, usw.) zur Veredlung aufgetragen wird.

Überblattung

Holzverbindung von Rahmenhölzern, die über Eck oder in Kreuzform miteinander verbunden werden. Man unterscheidet deshalb Eck- und Kreuzüberblattung. Die Ecküberblattung wendet man zumeist bei untergeordneten Arbeiten an, z.B. bei einfachen Rahmen. Dabei werden die Enden der zu verbindenden Hölzer entweder rechtwinklig oder auf Gehrung zugeschnitten und jeweils zur Hälfte geschwächt. Dies geschieht mit der Absetzsäge. Durch Holznägel werden solche Verbindungen gesichert. Bei der Kreuzüberblattung, die insbesondere zur Verbindung von überkreuzten Scheren an Tischfüßen verwendet wird, schneidet man beide Hölzer an der Überlagerungsstelle so weit aus, daß beide ineinandergefügt eine Ebene bilden, s. Zeichnung Seite 14.

Versenker

Um eingeschlagene Nägel zu verbergen, wird mit einem konischen Stahlstift (Versenker oder Durchschlag) der Kopf des Nagels so tief ins Holz geschlagen, daß er verkittet werden kann.

Verziehen

Arbeiten des Holzes

Wachs

Wachsen ist neben dem Polieren eine der bewährtesten Techniken, das Holz zu verschönern, es zu schützen und zu pflegen. Es gibt dem Holz einen stumpfen, vornehm wirkenden Mattglanz; dieser Vorgang ist leicht durchzuführen. Das Wachs wird in flüssigem Zustand dünn aufgetragen. Es besteht aus einer Mischung, in der Bienen- und Carnaubawachs (bras. Palmenwachs), etwas Stearin und als Lösungsmittel Terpentinöl enthalten ist. Vor dem Wachsen kann eine dünne Schicht Schellack aufgetragen werden, um eine geschlossenere Oberfläche zu erhalten.

Weichhölzer

Holz, das nur einen geringen Härtegrad besitzt. Zu sehr weichen Hölzern zählen u.a. die vielen Pappelsorten, zu weichen u.a. Linde, Weide, Erle, Fichte, Tanne, Kiefer, Lärche.

Zapfen s. Schlitz und Zapfen

Zinken

Die Zinkenverbindung ist in der Regel allen anderen Eckverbindungen des Holzes in ihrer Haltbarkeit überlegen. Sie beruht auf einer mehrfachen Verzahnung keilförmiger oder gerader Zapfen, die man Zinken bzw. Schwalben nennt. Man wendet diese Verbindung meist bei Massivhölzern an. Die miteinander verbundenen Teile können sich kaum noch werfen, aber ungehindert schwinden und quellen. Die gebräuchlichsten Zinkungsarten sind: die einfache (offene), die halbverdeckte Zinkung, die Gehrungszinkung, die einseitig schräge Zinkung, die Trichterzinkung und die Fingerzinkung, s. Zeichnung Seite 13.

Zulagen

Hölzer, die das Werkstück beim Ansetzen von Zwingen gegen Druckstellen schützen und die den Druck der Zwingen auf die Fläche gleichmäßig verteilen.

LITERATURHINWEISE

Alcouffe, D. Möbel kennen, restaurieren, pflegen, Berlin 1980
Born, E. Die Kunst zu Drechseln, München 1986
Born, E. Die Kunst zu Schnitzen, München 1989
Brachert, T. Beiträge zur Konstruktion und Restaurierung alter Möbel, München 1986
Deneke, B. Bauernmöbel, München 1985
Fußeder, Wenningen, Beck Holzoberflächenbehandlung, Augsburg 1986
Grosser, D. Pflanzliche und tierische Bau- und Werkholz-Schädlinge, Stuttgart 1987
Hustede, K. Schnittholztrocknung, Stuttgart 1979
Klatt, E. Die Konstruktion alter Möbel, Stuttgart 1982
Merhart, N. v. Bauernmöbelmalerei, München 1986
Ritz, S. Alte bemalte Bauernmöbel, Europa, München 1980
Ritz, S. Alte geschnitzte Bauernmöbel, München 1986
Rotter, M. Alte Möbel erkennen und restaurieren, Stuttgart 1987
Schnaus-Lorey, E. Restaurieren von Möbeln, Niedernhausen 1982

BILDNACHWEIS

Umschlagfoto G. und E. von Voithenberg, München
Zeichnungen Dipl.-Ing. Frank Gross, Planungsbüro und Schreinerei, München
Alle Fotos Tobias Wichmann, Erling-Andechs bis auf folgende:

1 Musée Alsacien, Straßburg (Foto J. Franz)
2 Bayer. Nationalmuseum, München (Foto Walter Haberland)
3 Stadt- und Kreismuseum, Landshut
4 Heimatmuseum Rosenheim
5 Claus Hansmann, München
6 Helga Schmidt-Glassner, Stuttgart
36 Landesmuseum Joanneum, Graz (Foto Fürböck)
131 Hugo Ruef, München

CALLWEY

79 Vorlagen zu Entwurf und Maltechnik der Bauernmalerei

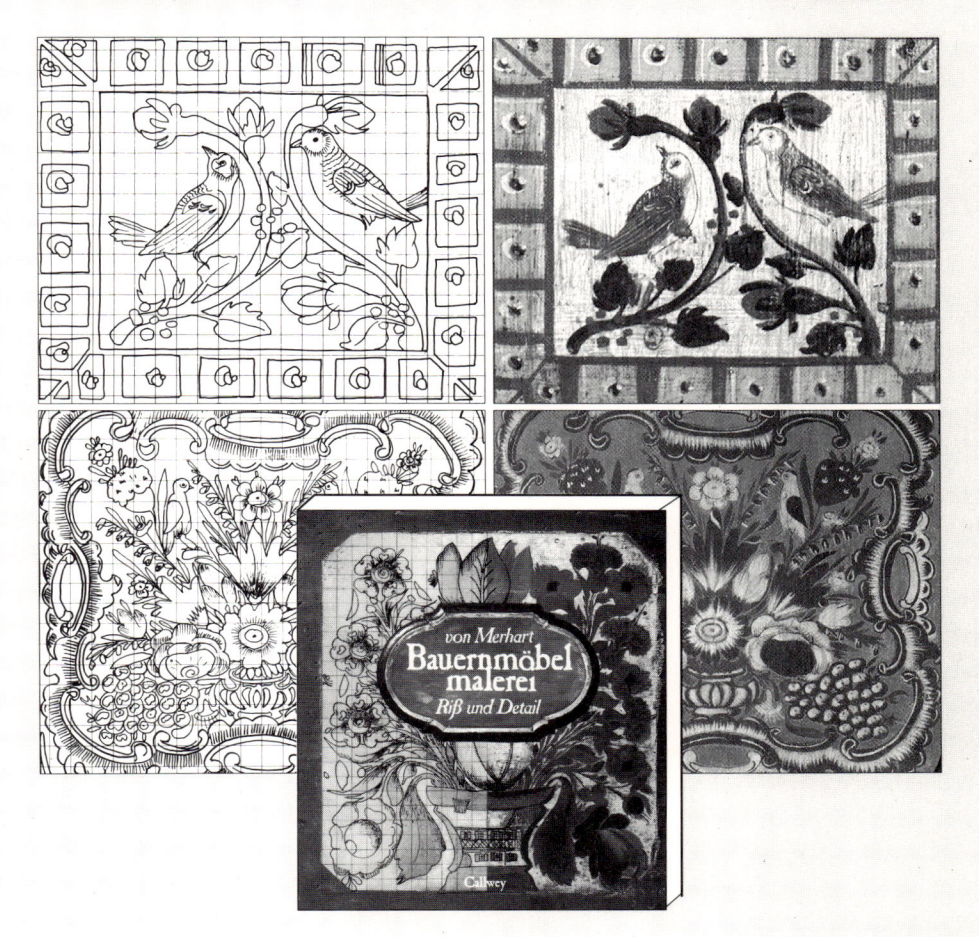

Nenna von Merhart

Bauernmöbelmalerei
Riß und Detail · 79 Vorlagen für Hobbymaler

Dieses Buch gibt dem Maler zahlreiche Anregungen, seine gestalterischen Ideen auf dem vielseitigen Gebiet der Bauernmalerei zu verwirklichen. Die bunte Fülle der 79 Motivvorlagen weist verschiedene Schwierigkeitsgrade auf, die sich von Beispiel zu Beispiel steigern. Als einfachste Lösungen findet man geometrische Muster und flächig gemalte Blumendetails; es folgen anspruchsvolle Blumensträuße, die bis zu schwierigen Tier- und Figurendarstellungen weiterführen. Für die Übertragung der Motive auf das Objekt stehen sich die Strichzeichnung – auch Riß genannt – und das farbige Detailfoto im Buch jeweils gegenüber. Der Maler kann somit die Umrißlinien der Zeichnung auf sein Möbelstück auftragen und füllt diese dann mit seiner Malerei aus.

1986. 164 Seiten mit 63 einfarbigen und 88 vierfarbigen Abbildungen sowie 79 Rissen. Broschiert DM 49,80

VERLAG CALLWEY, Streitfeldstraße 35, Postfach 80 04 09, 8000 München 80